D1748083

Schiffsmodellbau
Vom Jugendtraum zur Weltmeisterschaft

Die herrlichste Nebensache der Welt

Helmut Thomas

SCHIFFSMODELLBAU
Vom Jugendtraum zur Weltmeisterschaft

TRITON-Verlag GmbH

CIP-Kurztitelaufnahme der Deutschen Bibliothek
Thomas, Helmut:
Schiffsmodellbau / Helmut Thomas.
Radevormwald: Triton, 1986

ISBN 3-926185-00-7
„C" 1986 by Triton Verlag GmbH, Radevormwald.
Alle Rechte, insbesondere die der Übersetzung, des Nachdrucks, der Entnahme von Abbildungen, der Funksendung, der Wiedergabe auf fotomechanischem oder ähnlichem Wege und der Speicherung in Datenverarbeitungsanlagen bleiben, auch bei nur auszugsweiser Verwertung, vorbehalten.

Satz: tgr gmbh, Remscheid
Lithos: tgr gmbh, Remscheid
Druck: Loose-Durach, Remscheid

Inhaltsverzeichnis:

Vorwort	9
Schiffsmodellbau, nur eine Spielerei?	10
Der Ursprung des Schiffsmodellbaus	10
Schiffsmodellsportklassen	13
Vom Jugendtraum zur Weltmeisterschaft	14
Europameisterschaft, Ostende, 1971	28
Europameisterschaft, Wien, 1974	34
Die Englandreise 1975	35
Architekturmodellbau	37
Bundesmeisterschaft, Büdingen, 1976	38
Europäische Leistungsschau, Como, 1976	39
Landesgruppenmeisterschaft, Hamm, 1977	43
Die Rußlandreise, Kiew, 1977	43
Industriemodellbau	60
Bundesmeisterschaft, Hannover, 1978	67
Europäische Leistungsschau, Cannes, 1978	68
1. Weltmeisterschaft, Duisburg, 1979	75
Beginn des C-Modellbaus	91
2. Weltmeisterschaft, Magdeburg, 1981	96
Weltleistungsschau, Lüttich, 1983	112
Bundesmeisterschaft, Duisburg, 1984	122
Weltleistungsschau, Rastatt, 1985	128
Schlußwort	141

Quellennachweis:

Einige Beiträge basieren auf Veröffentlichungen in:
* *dem Regelwerk der NAVIGA,*
* *dem Programmheft zur 1. WM in Duisburg,*
* *dem Programmheft zur 2. WM in Magdeburg*
* *den nauticus-Mitteilungen*
* *dem Prospekt der Fa. Schottel, Spay,*
* *Mechanikus,*
* *Schiff und Zeit.*

Darüberhinaus einige Fotos, die mir von Freunden überlassen wurden.

Titelbild, Gestaltung und Farbseiten von H. Harhaus.

8

Vorwort

Es stellte sich die Frage, ob in unserem Zeitalter, das geprägt ist von technischer Perfektion, von klarer Aussprache und exakten Formulierungen, im Bereich der Literatur ein persönlicher Rückblick auf ein Hobby — auf eben *nur* ein Hobby — von Interesse werden könnte.

Es ist zudem festzustellen, daß wir heute einer nie dagewesenen Überschwemmung auf dem Buchmarkt gegenüberstehen. In dieser Situation erlaube ich mir, noch ein kleines Büchlein dazwischen zu schieben. Ich hoffe, mit Ihrer Hilfe natürlich, daß es nicht in der großen Papierflut versinken wird! Denn ich habe mir die größte Mühe gegeben, gegen die übermächtigen Kräfte der Intelligenz auf meine ganz persönliche Art zu schildern, was ich in fast 50 Jahren Freizeit, *„Hobby unter dem Titel Schiffsmodellbau"*, erlebt habe.

Es gibt eine ganze Reihe von Büchern, in denen jede Menge Tips und Anregungen verdeutlicht werden, wie man praktischen Modellbau handhaben kann. Aber meines Wissens gibt es bisher kein Buch, das aufzeigt, was über den Modellbau hinaus, den daraus entstehenden Wettbewerb mit all seinen Begleiterscheinungen, beschreibt. Das bisherige Angebot möchte ich mit diesem vorliegenden Büchlein erweitern, möchte das Hobby Schiffsmodellbau auch außerhalb der heimischen Werft und des reinen „Handwerks" darstellen, das ist mein Anliegen.

Ob Sie die von mir geschilderten Erlebnisse nach dem Lesen der Lektüre genauso positiv einstufen wie ich, das überlasse ich Ihrem persönlichen Urteil. Ich hoffe es jedenfalls, und wenn der eine oder andere, insbesondere Jugendliche, daraufhin an dieser Art der sinnvollen Freizeitgestaltung Gefallen finden würde, dann wäre meine Arbeit an der Erstellung dieses Buchmanuskriptes eine sinnvolle gewesen, dann könnte auch ich mich darüber freuen!

Ihr Helmut Thomas
Januar 1986

Schiffsmodellbau — nur S P I E L E R E I ??.....

Spielerei, wahrscheinlich ja; aber das Wörtchen „nur" sollte man besser streichen. Ist nicht jede Art freiwilliger Beschäftigung eine Art Spiel mit den Fähigkeiten der Muskeln und des Geistes?

Niemand käme auf die Idee, persönliche Weiterbildung auf musischen Gebieten oder gar sportliche Betätigung als Spielerei abzutun. Trotzdem spricht man, nicht nur in der deutschen Sprache, von sportlichen oder olympischen SPIELEN.

Und so, ohne das abwertende „nur", verstehen wir Schiffsmodellbauer unsere Art der Freizeitbeschäftigung, ebenso wie die Liebhabereien anderer Bastler, Tüftler, Bizeps- oder Geistessportler.

Solange Spiel, Sport und Spaß nicht nur mit dem gleichen Buchstaben beginnen, sondern gleichbedeutend oder ergänzend sind, dem Mitmenschen nicht das Leben vermiesen und Zuschauern eine gewisse Freude bereiten, sind es die schönsten Nebensächlichkeiten dieser Welt, außer dem Zahltag natürlich.

Wo ist der Ursprung des Schiffmodellbaues zu suchen?

Nachbildungen von Wasserfahrzeugen sind schon aus Grabbeigaben alter Kulturvölker bekannt. Die ältesten Nachbildungen zeitgenössischer Schiffe stammen aus Ägypten und Chaldäa, sind aus Bitumen oder Ton und datieren aus dem 5. und 4. Jahrhundert vor Christus. Wikinger und Normannen bestatteten ihre Fürsten sogar in richtigen Booten, wie die Funde in Skandinavien und Norddeutschland beweisen. Nach der Christianisierung wurden die sogenannten Votivmodelle (ex voto — aufgrund eines Gelübdes) mit der Bitte um glückliche Heimkehr oder als Dank für Rettung aus der mörderischen See in die Kirchen der Küstenregionen gebracht.

Waren die vorgenannten Modelle oft mehr der künstlerischen Freiheit ihrer Schöpfer entsprungen, so entstanden im 17. bis 19. Jahrhundert Schiffsmodelle von derart faszinierender, handwerklicher Qualität und Exaktheit, daß unsere heutigen Meister noch ehrerbietig den Hut vor den Erbauern ziehen. Gemeint sind die sogenannten „Admiralty Models", die man in einigen Museen und Privatsammlungen bewundern kann. Die englische Admiralität verlangte damals von den königlichen Werften genaue Vorlagen der geplanten Schiffe. Da technische Zeichnungen im heutigen Sinne erst viel später in Mode kamen, wurde zunächst ein maßstäbliches Modell angefertigt und der Kommission zur Begutachtung präsentiert. Daher auch der Name „Admiralitäts Modell".

Nicht zu vergessen die zahlreichen Modelle, die von Gefangenen mit primitivsten Werkzeugen, teilweise sogar aus Tierknochen und Fischgräten gebaut wurden.

Später fanden sich immer wieder Seeleute, die in Zeiten der Flaute oder während des gleichförmigen Törns im Passat die Bastelarbeit dem stumpfsinnigen Dösen zwischen den Wachen vorzogen.

Und schon immer gab es Eigner oder Kapitäne, denen ein Bild ihres Schiffes nicht genügte. Sie ließen sich von unseren Vorgängern ein Modell „ihres" Schiffes bauen.

Und so glaube ich behaupten zu können, daß unser Modellbau zwar nicht der schönste, interessanteste oder gar allein seligmachende ist, aber auf eine lange Tradition zurückblicken kann. Ein Attribut, das uns nicht übermütig zu machen braucht. Schließlich kamen alle Erfindungen wie Bahnen, Autos und Luftverkehrsmittel erst sehr viel später auf. Somit können die Modellbausparten dieser „jüngeren" Verkehrs- und Fortbewegungsmittel zwangsläufig nicht diesen geschichtlichen Hintergrund bieten.

Die unendliche Vielfalt der Vorbilder an existierenden und vergangenen Wasserfahrzeugen (auch Schwimmkräne und Bagger sind Wasserfahrzeuge, ohne jedoch gleich ein Schiff zu sein) bietet dem Schiffsmodellbauer eine Auswahl, um die er von allen anderen Modellbaufreunden beneidet wird.

Der Nachbau stößt aber auch schnell an seine Grenzen! Mit Recht hört man da aus dem Publikum oft die Frage:" Warum – quer durch Deutschland – so häufig die gleichen Modelle?" Theoretisch könnte jeder Schiffsmodellbauer der Welt ein anderes Vorbild bauen, aber eben nur theoretisch. Erstens ist die Beschaffung oder Anfertigung einwandfreier, für den Modellbau geeigneter Pläne (selbst von noch existierenden Schiffen!) keineswegs einfach. Da gibt es u. a. patentrechtliche Vorbehalte der Werften, Typenschutz und nicht zu vergessen die Geheimniskrämerei bei Kriegsschiffen. Was einmal den Stempel „Top Sekret" trägt, bleibt es bis in alle Ewigkeit; selbst wenn der Kahn schon längst schrottreif ist.

Noch schwieriger wird es bei nicht mehr existenten Schiffen. Falls überhaupt Pläne bestanden, sind diese oft vernichtet. Alte Photos, Postkarten und Gemälde zeigen oft herrliche Oldtimer, bei deren Anblick jedem Schiffsliebhaber das Herz im Leibe lacht. Aber zum Bau gehören nun einmal drei Dimensionen, dazu ein im nassen Element nicht sichtbares Unterwasserschiff, sowie unzählige Detailskizzen der Aufbauten und Ausrüstungsteile.

Dann erst die prächtigen, hölzernen Segler des 15. und 19. Jahrhunderts, mit ihren Domen aus Masten und Tauwerk! Allein die Verzierungen könnten sich heute nur noch Ölscheichs leisten. Diese Schiffe sind größtenteils ohne Pläne, nur aus der über Generationen weitergereichten Erfahrung und Kunstfertigkeit der damaligen Schiffsbaumeister und Bildhauer hervorgegangen. Auf vielen berühmten Schiffen dieser Epoche gibt es zwar historische Hinweise in Wort und Bild, aber man kann diesen nicht immer vertrauen. Nur wenige Maler und Zeichner ihrer Zeit haben derart genaue und detaillierte Zeichnungen und Skizzen hinterlassen wie z. B. die Niederländer Van de Velde, Stork u. a.

Die erwähnten Admiralty Models zeigen meist nur den Rumpf mit allen Einzelheiten, Verzierungen und die Mastspuren. Die Takelage fehlt, da sie einem ständigen Wandel durch Verbesserungen unterworfen war, während sich die Schiffsformen nur allmählich änderten.

Das es dennoch viele brauchbare bis hervorragende Pläne gibt, verdanken wir den zahlreichen Enthusiasten, die bis in die heutigen Tage recherchieren und dokumentieren! Oft sind es Fachleute aus der Seefahrt, Wissenschaftler und geniale Laien, die maritime Forschung zu ihrem Beruf oder Hobby wählten. Sie trugen auch viele Schätze aus Privatbesitz zusammen, die wir heute in den Schiffahrtsmuseen und Archiven aller Länder bewundern und studieren können. Außerdem legten sie mit ihren Rekonstruktionen den Grundstock zu dem Planmaterial, von dem wir Schiffsmodellbauer heute profitieren.

Das seit Ende der fünfziger Jahre d. Jhd. die Modellbauindustrie einen Boom erlebte und uns bei der „Bewältigung unserer Freizeit" half, wird von echten Modellbauern mit einem lachenden und einem weinenden Auge gesehen.

Viele dieser früher einmaligen Modelle sind plötzlich gar nicht mehr einmalig, bedingt durch vorgefertigte Rümpfe und Einzelteile, die nur noch montiert werden müssen. Auch hier ist das „nur" in vielen Fällen unangebracht, denn mancher Anfänger hat sich an einem solchen Schnellbaukasten die Finger verknotet, er war halt eine Nummer zu groß für seine Kenntnisse. Verantwortungsbewußte Verkäufer in den Fachgeschäften beraten ihre neuen Kunden gut, reden aber leider oft in den Wind. Nun ja, wer nicht hören will, muß fühlen. Fühlen nämlich, daß auch bei dieser „Spielerei" kein Meister vom Himmel fällt.

Das lachende Auge verfolgt freudig die wachsende Anzahl Schiffsmodellbauer. Aus dieser Vielzahl wird langsam eine Gruppe von Spitzenleuten hervorgehen, die davon nicht mehr loskommen. Zum anderen kann nicht vergessen werden, daß die industrielle Fertigung auch dem Könner die vielen, vielen mehr oder weniger praktischen Hilfsmittel und Werkzeuge zur Verfügung stellt, die ihm die Arbeiten sehr erleichtern.

Einen gewaltigen Auftrieb erhielt der Schiffsmodellbau durch die Entwicklung der Elektronik. Noch Ende der fünfziger Jahre kamen die meisten unserer Mitglieder vom reinen Bau des Modells langsam ab und erkannten die Möglichkeiten drahtloser Befehlsübertragung an eine imaginäre Minibesatzung. Man nutzte die neuen Anwendungsmöglichkeiten der damaligen Ungetüme von Röhrensendern, wie sie auch in der damaligen Radiotechnik noch vorherrschten. Aber bereits zu Beginn der sechziger Jahre traten industrielle Fernsteueranlagen ihren Siegeszug an. Die Geräte wurden dank moderner Technik immer besser, kleiner, handlicher und werden — dieser Trend hält heute noch an — sogar billiger.

Damit kam auch die Trendwende. Viele Freunde wurden Dank des Wirtschaftswunders in die Lage versetzt, eine solche Anlage zu kaufen. Aber die Dinger erfüllten ihren Zweck eben nur dann, wenn man ein entsprechendes Modell dazu besaß. Die Fähigkeit, dies zu bauen, fehlte jedoch manchem Käufer und fertige Modelle wurden leider auch beim Kauf nicht mitgeliefert. Da Nachfrage von jeher den Ideenreichtum der Hersteller und Händler beflügelt, war der vorerwähnte Boom der Auslöser für die Entwicklung der Schnellbaukästen mit Fertigteilen und bereits montierten Baugruppen.

Auch neue und verbesserte Materialien der Kunststoffindustrie taten das ihrige dazu, so daß heute die Zahl der Superschnellbaukästen selbst für einen Kataloghamster kaum noch überschaubar ist.

Jetzt erst wurde es möglich, auch auf dem Wasser Regatten und Rennen auszutragen. Denn wie überall, so schlich sich auch bei den Schiffsmodellbauern der Ehrgeiz ein, man wollte schneller, besser, größer sein als sein Nachbar. Da Dampfer oder Fischkutter hierzu wenig geeignet waren, die vorhandenen Motoryachten meist Miniausgaben der luxuriösen Playboyspielzeuge waren, begann die Konstruktion reiner Zweckformen. So entwickelte sich zunächst, aus bestehenden Windruderklassen, die Gruppen der Modellsegler. Ähnlich entwickelte sich die Klasse der Elektro-Rennboote. Da für letztere aber unüberschreitbare Grenzen durch das Verhältnis von Antriebskraft gegenüber anzutreibender Masse = Geschwindigkeit gesetzt waren, entstand zuletzt die Gruppe der rasanten Modelle mit Verbrennermotoren bis 35 ccm, nach dem Motto: Bullenkraft aus Minizylindern.

Und wenn mehrere Menschen ihre Leistungen, gleich welcher Art, im Wettbewerb messen wollen, bedarf es gewisser Regeln. Schon frühzeitig hatten sich Schiffsmodellbauer zu Vereinen oder Clubs zusammengeschlossen. Der älteste mir bekannte Club, ist der Koninklijke Model Yacht Club Antwerpen, der 1980 sein 75-jähriges Jubiläum feierte. Nicht ganz so alt, aber mit dem Gründungsjahr 1925 auch schon ein respektabler Veteran, ist der Modell Yacht Club Berlin e.V., Deutschlands ältester derartiger Verein. Als Ende der fünfziger Jahre die Schiffsmodellbauclubs in Deutschland wie Pilze aus dem Boden schossen, erfolgte prompt der Zusammenschluß zu einem nationalen Dachverband, der wiederum Mitglied des europäischen Verbandes, heute sogar Weltverbandes wurde. Erst jetzt waren die Voraussetzungen für einheitliche Wettbewerbsregeln und sonstige, weniger notwendige Reglementierungen gegeben.

Nicht jeder Schiffsmodellbauer entschließt sich, aus welchen Gründen auch immer, zur Mitgliedschaft in einem Verein. Es gibt Vermutungen, daß mehr nichtorganisierte Freizeit-Kapitäne als in Clubs organisierte existieren. Das ist die persönliche Entscheidungsfreiheit, die wir, trotz eigener Vereinszugehörigkeit, so schätzen und respektieren. Aber selbst wenn man persönlich kein Anhänger von Wettbewerben ist, bietet ein Club hinsichtlich des Erfahrungsaustausches doch große Vorteile gegenüber dem Eremitendasein. Andererseits gehen leider die Erfahrungen der Einzelgänger den vielen

Freunden, eventuell für immer, verloren. Auch im Verein sind wir alle große Individualisten geblieben, manchmal sehr zum Leidwesen der Vorstände. Wer sich ernsthaft und langjährig mit diesem Metier beschäftigt, sei es modellbaumäßig oder modellsportlich, kommt auf die Dauer nicht ohne die Erfahrung anderer aus. Selbst die zahlreichen Modellbaufachbücher und Zeitschriften sind kein vollwertiger Ersatz.

Meine Bilanz nach über fünfundzwanzigjähriger Vereinszugehörigkeit: Monatlich einige Mark Taschengeld als Beitrag. Unendlich viele Freizeitstunden für Arbeiten in der Gemeinschaft; sie wurden gerne geleistet, obwohl sie manchmal beim eignen Modellbau fehlten. Das ist die Sollseite. Und die Habenseite?... Erfahrungen noch und noch. Alle waren meinem Hobby nützlich. Diese Erfahrungen waren es, die mich in die Lage versetzten, immer bessere Modelle zu bauen. Erfahrungen, die sich durch geringeren Aufwand, durch nicht unnötig vergeudete Zeit und durch Einsparung nicht nutzlos ausgegebenen Geldes für ungeeignetes Material oder Werkzeug bezahlt gemacht haben. Dazu manche gesparte Mark durch die uneigennützige Hilfe von Clubkameraden. Also, unter dem Strich haben wir und auch ich vom Clubleben profitieren können und vieles gewonnen!

Und dies betrifft wohl nicht nur Schiffsmodellbauer, sondern, wie ich glaube, auch unsere Freunde von der fliegenden und rollenden Konkurrenz.

Diese informativen Zeilen hat mir mein langjähriger Vereinskollege und Freund Klaus Heumann beigesteuert. Wofür ich Ihm hiermit herzlich danke!

Schiffsmodellbau — und Schiffsmodellsportklassen....

....und was man vor dem Bau beachten sollte!

Die meisten Schiffsmodellbauer nehmen zumindestens gelegentlich an Freundschaftsregatten teil. Einige sogar an den Meisterschaften. Es ist daher gut, schon vor der Kiellegung zu wissen, wohin man tendiert und dann in diese entsprechende Klasse „hineinzubauen".

Aber auch für die vielen „Sehleute" — sprich Zuschauer — bei den modellsportlichen Veranstaltungen sind die angesagten Klassen reines Fachchinesisch. Vielleicht helfen die nachstehenden Erklärungen dem Interessierten, zukünftigen Regatten mit mehr Fachwissen zu begegnen. Das ganze Regelwerk der NAVIGA (intern. Dachverband) ist ein DIN A 5-Buch und ca. 25 mm dick, es sprengt den Rahmen dieses Berichtes; daher nur das Wesentliche.

HELMUT THOMAS

geb: 1. 09. 1930

erlernter Beruf: Bäcker

jetzige Tätigkeit: Abt. Meister in einem Kölner Unternehmen der Kommunikations-Industrie

Freizeitbeschäftigung: Schiffsmodellbau

Schon in frühester Jugend faszinierten mich die vielen Schiffe und Schleppzüge, die auf dem Rhein zwischen St. Goar und Kaub stromauf und stromabwärts fuhren.

Genau diese Stelle, am schönen Mittelrhein, ist nämlich meine Heimat.

Kaub und St. Goar sind auch gleichzeitig die Lotsenstationen für diese, neben dem Binger Loch, schwierigste Passage des Rheins. Zu der damaligen Zeit gab es dort noch keine Kindergärten und so mußten die Eltern ihre Kinder zu den Arbeiten in den Weinbergen meistens mitnehmen. Bei mir war das jedenfalls so.

Dort konnte man dann das Geschehen auf dem Wasser wie aus der Vogelperspektive beobachten.

Die imponierensten Schiffe waren die großen Radschlepper mit den zwei Schornsteinen, die dort in der

A+B-Klassen

Fesselrennboote, die um einen Pylon (Ein Umlauf = 100 m) pro Durchgang 3 Runden gegen die Stoppuhr fahren müssen.

A 1 = Unterwasserantrieb mit Verbrennungsmotoren bis 2,5 ccm
A 2 = Unterwasserantrieb mit Verbrennungsmotoren von 2,6 bis 5,0 ccm
A 3 = Unterwasserantrieb mit Verbrennungsmotoren von 5,1 bis 15,0 ccm
B 1 = Luftschraubenantrieb mit Verbrennungsmotoren bis 2,5 ccm (hier werden Geschwindigkeiten bis 220 km/h erreicht!)

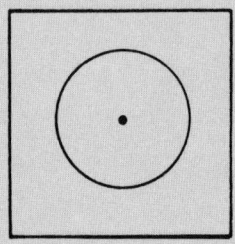

A/B

C-Klassen

Standmodelle, meist nicht schwimmfähig, vom Bau her das Aufwendigste, das im Schiffsmodellbau zu finden ist.

C 1 = Modelle von Schiffen ohne Kraftmaschinen (außer Hilfsmotoren)
C 2 = Modelle von Schiffen mit Kraftmaschinen

C 3 = Modellanlagen, Teilmodelle, Entwicklungsreihen bis 2,5 m²
C 4 = Miniaturmodelle im Maßstab 1:250 und kleiner.
C 5 = Buddelschiffe (Nur nationale Klasse in Frankreich!)

Diese Modelle werden nur einer Bauwertung unterzogen. In den C-Klassen gibt es keine Meistertitel, sondern Leistungsstufen.

90 bis 100 Punkte = Goldmedaille = Leistungsstufe I
80 bis 89 Punkte = Silbermedaille = Leistungsstufe II
70 bis 79 Punkte = Bronzemedaille = Leistungsstufe III

E-Klassen

Fahrmodelle mit Elektro- oder Dampfantrieb ohne Fernsteuerung. Es erfolgt eine Bauwertung (für H + K) und ein Ziellauf auf einem Geradeauskurs mit Punktabzug für seitliche Abweichungen.

E – H = Handelsschiffe
E – K = Kriegsschiffe
E – X = freie -, sogenannte Erfinderklasse.

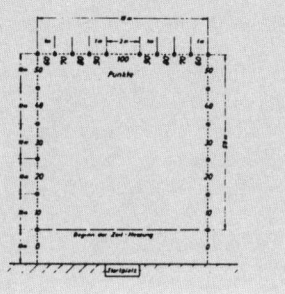

Bergstrecke dann drei Schleppkähne hinter sich herzogen, damals meistens mit Kohle beladen. Eine ganz besondere Attraktion war, wenn einmal ein kleiner Schlepper ein riesiges Floß, zusammengebaut aus vielen hundert Baumstämmen, hinter sich her zu Tal zog.

Diese überaus harten Arbeitsbedingungen schweben mir heute noch vor Augen. Auf dem Floß war nur eine Bretterbude, am Ende des Floßes standen eine Reihe Männer, die mit langen Rudern – das waren rohe Stangen mit aufgenagelten Brettern – alle Mühe hatten, dieses mächtige Gefährt an den zu Berg fahrenden Schiffen vorbei und durch die engen Kurven des Flußlaufes zu bugsieren.

Diese Geschehnisse, so meine ich, haben bei mir das erste maritime Interesse geweckt.

Auch die damalige Kindermode, nämlich verschiedene Matrosenanzüge in marineblau oder blau-weiß gestreifter Bluse mit Halstuch und die Mütze mit den obligatorischen Mützenbändern haben diese Entwicklung mitgeprägt. Meine Sonntags-Anzüge waren jedenfalls meistens Matrosen-Anzüge.

So dauerte es dann auch nicht mehr lange, bis ich mit Hilfe eines alten Taschenmessers das erste „Bötchen" geschnitzt hatte. Zwar nur aus Kiefernrinde, denn für festeres Material taugte das vom Großvater ausran-

gierte stumpfe Taschenmesser nicht. Wenn dann noch eine Regentonne voll Wasser aufgetrieben war, dann war das Glück schon perfekt.

Mittlerweile ging ich in die Schule. Dort wurde ja zu der Zeit der Werkunterricht sehr gefördert. Allerdings nicht in die maritime Richtung, sondern es wurden Segelflugzeuge gebaut. Mittlerweile konnte ich schon recht gut mit der Laubsäge umgehen und man beachtete damals schon meine Fertigkeit im Umgang mit Holz und Werkzeug.

Bald wurden die ersten Flugversuche unternommen, sie führten aber mehr oder weniger schnell immer zu Bruch. Durch weitere spektakuläre Abstürze mit immer wertvolleren Modellen erlahmte der Enthusiasmus zur Fliegerei.

Dann kam eine Phase, die durch die damaligen Verhältnisse geprägt war. Es wurden z. B. zum Muttertag Lampenschirme, Schmuckkästchen usw. ausgesägt, zu Weihnachten dann Hampelmänner und sonstiges Spielzeug produziert. So ganz nebenbei kam durch die Kriegsgeschehnisse die Marine in den Vordergrund und somit auch der Wunsch, einmal ein Kriegsschiff zu bauen.

In einer aktuellen Ausgabe der Zeitschrift „Die Seekiste" war eines Tages ein Plan vom leichten „Kreuzer Nürnberg". Dieses Modell baute ich, besser gesagt, schnitzte ich. Alle Teile aus vollem Holz, es war mein ganzer Stolz.

Von jetzt an sammelte ich alles, was die Marine betraf. Auch alles, was es darüber zu lesen gab, wurde verschlungen und das war in diesen Jahren nicht gerade wenig.

Mit dem Abschluß der Schule und dem Beginn der Lehre als Bäcker siedelte ich um nach Kaub am Rhein, dort konnte ich dann in der Freizeit das Schiffer – Geschehen hautnah erleben. Hier war den ganzen Tag Leben auf dem Wasser. Des Abends legten die Schiffe an, begleitet von Glockensignalen und Kommandos, bis der Anker ins Wasser rauschte und das Schiff festgemacht war.

Bäcker und Schiffer haben ja eins gemeinsam, beide müssen immer sehr

F-Klassen = RC-Fahrmodelle (mit Fernsteuerung)

E = Elektromotoren, V = Verbrennungsmotoren

Rennklassen = freie Zweckbauten

F 1 E 1 kg = bis 1 kg maximales Gesamt-Startgewicht.
F 1 E + 1 kg = dito, über 1000 Gramm. F 1 V 2,5 = Unterwasserantrieb mit Motoren bis 2,5 ccm
F 1 V 5 = Unterwasserantrieb mit Motoren von 2,6 bis 5,0 ccm
F 1 V 15 = Unterwasserantrieb mit Motoren von 5,1 bis 15,0 ccm.

Diese Modelle fahren einzeln einen Dreieckskurs von 30 m Schenkellänge zweimal (gegenläufig) gegen die Stoppuhr. Ges.-Strecke ca. 180/200 m.

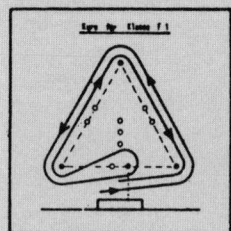

F-SR = Dauerrennklassen

F – SR 3,5 = mit Motoren bis 3,5 ccm
F – SR 6,5 = mit Motoren von 3,6 bis 6,5 ccm
F – SR 15 = mit Motoren von 6,6 bis 15,0 ccm
F – SR 35 = mit Ottomotoren bis 35 ccm

Maximale Lautstärke für alle V-Motoren 80 dbA. Diese Modelle fahren 30-Minuten-Dauerrennen mit bis zu 12 Startern gleichzeitig. Kursform = M. Kurslänge ca. 400 – 500 m. Nachtanken und Reparaturen während des Laufes erlaubt. Nationalitätskennzeichen und Dauerstartnummer sind Vorschrift. Die Anzahl der gefahrenen Runden ist maßgebend.

F 3-Klassen = kombinierte Renn- und Geschicklichkeitsklassen.

Hier erfolgt eine Punktwertung für den Bojenkurs eine Zeitwertung, die in Punkte umgerechnet wird.

F 3 E = Figurenkurs für freie Entwürfe mit Elektromotoren
F 3 V = Figurenkurs für freie Entwürfe mit Verbrennungsmotoren

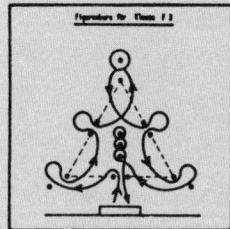

früh aufstehen. So konnte man bis in die Backstube den morgendlichen Aufbruch der Schiffer akustisch miterleben. Es begann mit dem monotonen klack, klack, klack der hochgehenden Ankerkette. Das Glasen der Schiffsglocken, verbunden mit dem Stampfen der Dampfmaschinen und Tuckern der Dieselmotore rundeten das allmorgendliche Frühkonzert ab.

Hinzu kam, daß man durch die vielen in Kaub ansässigen Lotsen, Schiffseigner, Matrosen, Fährbetriebe, Pegelstation, ein Schifferkinderheim gab es dort auch, den Eindruck gewann, in einer Miniaturhafenstadt zu leben.

Erwähnen möchte ich auch, daß ich ca. zwei Jahre in der dortigen Marine „H.J." war. Wir hatten einen schönen Marinekutter aus Holz, er diente uns als Übungsgerät. Zum Rudern bin ich allerdings nie eingeteilt worden, weil ich nicht schwimmen konnte. Deshalb mußte ich immer im Heck des Kutters sitzen und mit dem Ösfäßchen eingedrungenes Wasser über Bord schaufeln.

Als der Krieg zu Ende war, hatte ich nochmals einige Zeit Gelegenheit, die Schiffahrt auf dem Rhein zu besichtigen. Im Gegensatz zu damals mußte ich jetzt aber in den Weinbergen arbeiten.

Von 1945 – 1950 spielte sich im Modellbau nicht viel ab. Nachdem ich 1950 in Köln Fuß gefaßt hatte und die schlimmsten Nachkriegsprobleme bewältigt waren, konnte man sich dann doch langsam wieder mit solchen Sachen befassen.

Das erste dann in Angriff genommene Modell war die legendäre Bismark. Das Material: Wilhelmshavener Modellbaubogen. Es sollte aber das letzte Kriegsschiff sein, welches ich baute. Denn die „Christliche Seefahrt" hatte weitaus besseres für den Modellbau zu bieten.

Nachdem die ersten Baustoffpackungen auf den Markt kamen, die Holz als Hauptmaterial beinhalteten und vorwiegend für historische Modelle geschaffen wurden, kaufte ich mir eine solche Packung mit Material für die Karavelle „SANTA MARIA" aus der Columbus' Flotte. Dieses Modell se. Bug und Heck wurden in Schichtbauweise erstellt. Der Rumpf war mehr oder weniger ein aus Sperrholz aufgebauter Kasten. Die einzelnen Schichten waren Bretter, die von einem alten Kleiderschrank stammten, mit der Laubsäge ausgeschnitten. Das knochenharte Holz wurde nach

Eines der ersten Papiermodelle, die BISMARCK

Das erste Fahrmodell mit RC-Anlage, die RUDOLF OETKER

ist später in einer Kellerbar gelandet und dient dort heute noch als Dekorationsstück. Nach einigen kleineren Modellen baute ich das erste Modell nach Plan, es wurde der Tanker „RUDOLF OETKER". Das Modell entstand in typischer Gemischtbauweise dem Aufeinanderleimen mit der Raspel in die entsprechende Form gebracht.

Das Modell war 180 cm lang, mit einer der ersten recht einfachen Funkfernsteuerungen ausgerüstet. Die Ru-

F 2-Klassen = Vorbildgetreue Fahrmodelle nach Werft-, Modellbau- oder selbstgefertigten Plänen existierender oder ehemals existierender Schiffe.

F 2 A = Modelle von 60 bis 110 cm Länge über alles.
F 2 B = Modelle von 110,1 bis 170 cm Länge über alles.
F 2 C = Modelle von 170,1 bis 250 cm Länge über alles.

Im Maßstab 1:100 dürfen die 250 cm überschritten werden, wenn das Original länger als 250 m ist oder war.

Gefahren wird im Einzelstart ein Figurenkurs, auch mit Rückwärtsfahrt durch ein Tor und einem Anlegemanöver im Dock.

Die Bauwertung ist strengen Kriterien unterworfen. So werden z. B. alle fertig gekauften Teile (außer Inneneinrichtungen und den Schiffsschrauben) nicht bewertet, was einem Punktabzug gleichkommt. Fahr- und Baupunkte werden addiert. Jeder Teilnehmer hat 2 Läufe, von denen der bessere gewertet wird.

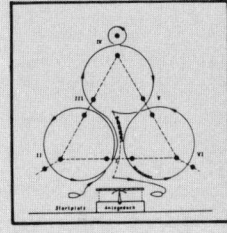

F 4-Klassen = Vorbildähnliche Fahrmodelle aus Baukästen, Bausätzen und industriellen Fertigrümpfen.
F 4 A = Nur Fahrwettbewerb im Einzelstart, Figurenkurs wie F 2
F 4 B = Fahrwettbewerb wie A, zusätzliche Baubewertung, die Punkte werden addiert. F 4 ist eine nationale Klasse nur in der BR Deutschland!

F 5 = Klassen Ferngesteuerte Modelle – Segelyachten

Start in Gruppen bis zu 12 Modellen gleichzeitig auf einem Dreieckkurs von 50,6 m Schenkellänge. Pro Lauf einmal gegen und einmal mit dem Uhrzeigersinn um das Dreieck. Vor-, Zwischen- und Endläufe.

F 5 – M = Marblehead – Klasse
F 5 – 1 Or = Tenrater – Klasse
F 5 – X = Freie Klasse

Diese Modelle dürfen nicht mit Antriebsmotoren ausgerüstet sein.

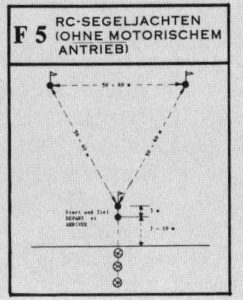

dermaschine war eine Kinematic, diesem Ding mußte man immer gut zureden, damit es auch funktionierte. Aber trotzdem konnte man ein neues Gefühl kennenlernen, nämlich das eines „Modell – Kapitäns".

Um dieses Gefühl zu erfahren, mußte ich dann mit meinem Modell auf einem eigens dafür gebauten Wägelchen ca. vier km bis zum Aachener Weiher und auch wieder zurück fahren. Der Weg führte mitten durch die Stadt. Andere Clubfreunde kamen mit ihren Modellen auf dem Fahrrad oder Fahrrad mit Anhänger, wieder andere mit der Straßenbahn. Heute werden die meisten Modelle nach der Größe des Kofferraumes gebaut oder sogar ein entsprechend großes Auto angeschafft. Diese kurze Schilderung soll einmal deutlich machen, unter welchen Bedingungen damals Modellbau betrieben wurde.

Mittlerweile fanden sich immer mehr Gleichgesinnte, meistens sonntags morgens, an einem Gewässer ein. Und so kam es, wie es kommen mußte, auch hier in Köln am „Aachener Weiher" war man fest entschlossen, einen Verein zu gründen. Dies geschah dann auch im Herbst 1959. Die I. K. S. = „Interessengemeinschaft Kölner Schiffsmodellbauer" wurde ins Leben gerufen.

Als 1. Vorsitzender wurde Eberhard Meyer gewählt. Er war der Motor für den jungen Verein, vor allem hatte er damals schon hervorragende Kenntnisse im Selbstbau von Fernsteueranlagen.

Unser Clubvorsitzender Eberhard Meyer im Gespräch mit dem damaligen Kölner OB Theo Burauen.

Ein weiteres Vorstandsmitglied, Kurt Bongart, in der Werbebranche tätig, schuf das schöne Vereinsemblem, das 25 Jahre sein Gesicht nicht verändert hat. Unter diesem Zeichen haben Mitglieder unseres Vereins in ganz Europa große Erfolge im Schiffsmodellbau errungen.

Das IKS-Vereinsemblem

Es waren so bekannte Namen wie Manfred Thyen, Knut Schneidemesser und Friedel Nieweg bei den Seglern, bei den Rennbootfahrern war es der überall bekannte Franz-Josef Haas und heute Jürgen Kercher. Für die F 2 Klassen, die Paradedisziplin der I.K.S., waren es Lutz Wächter, Jürgen Mierau, Hans Spörk und meine Wenigkeit. Später kamen noch Theo Oppenländer und Klaus Plonus hinzu.

Zwei weitere Personen haben das Geschehen im Verein entscheidend geprägt. Einmal der langjährige Vorsitzende Günter Mailahn, der es endlich fertig brachte, die I.K.S. dem **nauticus** zuzuführen. Denn nur die Mitgliedschaft im Dachverband machte alle diese Aktivitäten und Erfolge erst möglich.

Die nächste Persönlichkeit, die Vereinsgeschichte geschrieben hat, ist unser langjähriger Vorsitzender Helmut Krahé. Er verstand es wie kein anderer, die oft widerspenstigen Vereinsmitglieder immer wieder zu begeistern und in die richtige Bahnen zu lenken.

Erwähnenswert sind auch seine Initiativen in den Nachbarländern Holland und vor allem in Belgien.

So hatten wir recht früh Kontakte zu niederländischen Clubs. Die Zusammenarbeit mit belgischen Modellbaufreunden gipfelte darin, daß unter seiner Führung eine Patenschaft mit dem Club „Liege Marine Club" zustande kam.

Große Internationale Wettbewerbe und Ausstellungen sind unter seiner Federführung erfolgreich veranstaltet worden.

Hinweisen möchte ich aber auch auf die Qualitäten, die beide Herren in Sachen Modellbau aufzuweisen hatten. So hat der leider zu früh verstorbene Günter Mailahn das Schulschiff der Bundesmarine, die „DEUTSCHLAND", so perfekt gebaut, daß es vom Schiffahrtsmuseum in Bremerhaven angekauft wurde und dort heute noch zu besichtigen ist.

Auch Helmut Krahé hat seinen in den 50.er Jahren sehr sauber gebauten Kombifrachter „SANTA INES" dem gleichen Museum überlassen. Leider ist das Modell dort in dem kleinen Vorführbecken im Laufe der Zeit verschlissen worden. Heute baut er mit Erfolg und Vorliebe bretonische Kutter.

Es war nur sehr schade, daß die beiden sich für Meisterschaftswettbewerbe nicht erwärmen konnten. Aber dafür haben sie den Wettkämpfern im Verein durch ihre Arbeit als Vorsitzende den Weg geebnet, um große Erfolge einzufahren. Man kann ja schließlich auch nicht alles machen. Doch einen Mann, der wirklich alles machen konnte, möchte ich nicht vergessen zu erwähnen, Klaus Heumann!

Viele Jahre Initiator für Aktivitäten im Verein, bis hinein in den Dachverband. Kenner und Fachmann für den Historischen Schiffsmodellbau; aber

Sonderfunktions-Klassen

F 6 = Gruppenmanöver mehrerer ferngesteuerter Modelle mit Steuerleuten, nach einem vorher festgelegten Programm. (Flottenmanöver, Seeschlacht, Wasserballspiel, Bekämpfung von Schiffsbränden, Seenotfällen usw.). Idee, Schwierigkeit und Übereinstimmung des Ablaufs mit dem vorgelegten Programm werden bewertet.

F 7 = Vorführungen von Sonderfunktionen wie oben, mit einem oder mehreren Modellen durch einen Steuermann, nach vorher festgelegtem Programm. Gleiches Bewertungssystem wie F 6.

Dies sind die Grundlagen der internationalen Naviga-Regeln, nach denen alle Meisterschaften und offiziellen **nauticus**-Regatten gefahren werden. Von Zeit zu Zeit werden sie auch geändert, nicht immer im Einvernehmen mit den fahrenden Mitgliedern. Selbstverständlich ist es jedem Club freigestellt, die eigenen Freundschaftsregatten, auch mit internationaler Besetzung, nach eigenem Ermessen zu gestalten. Oft sind die Ausrichter durch die Art des Gewässers sogar hierzu gezwungen, da für die verschiedenen Kurse auch genaue Vorschriften und Abmessungen bestehen. Außerdem gibt es die reinen Schaufahren, die aus verschiedenen Anlässen durch die Clubs veranstaltet werden. Meist zur Freude des Publikums und ohne Wettk(r)ampf.

vor allem hat er jahrelang unsere Ausstellungen im Gürzenich organisiert und gestaltet und zu Erfolgserlebnissen für Aussteller und Besucher werden lassen. Leider ist er, nachdem er kurze Zeit den Vorsitz im Verein hatte, auf eigenen Wunsch ausgeschieden.

Festzustellen bliebe, daß von den vielen Mitgliedern, die uns in den 25 Jahren die Ehre gegeben haben, noch drei übriggeblieben sind, die an der Gründung des Vereins mit beteiligt waren. Es sind dies der jetzige Vorsitzende Theo Wilbertz, der weithin bekannte und unverwüstliche Falko Kalbitzer und ich, Helmut Thomas.

Außerdem gehörte zu den Gründungsmitgliedern der verstorbene Herr Siegfried Stechemesser aus Brühl. Auf dem historischen Gebiet ein Modellbauer par exellence in Theorie und Praxis. Mitglied der „Nautical Research Society" London und ein Genauigkeitsfanatiker. Er baute und restaurierte u. a. einen Teil der Sammlung „Dr. Bernartz", die sich heute im Schiffahrtsmuseum Bremerhaven befindet. Sein Vorbild färbte natürlich auch auf die modernen Modellbauer ab.

Diesen Überblick auf unser Clubleben mußte ich einfließen lassen, um die Umstände meiner „Hobby-Karriere" darstellen und verstehen zu können. Der Mensch ist immer ein Produkt seiner Umgebung. So ist sicherlich auch meine Leidenschaft in Sachen Schiffsmodellbau von der großen Familie I.K.S. mitgeprägt und -bestimmt worden. Nur das immerwährende gegenseitige „Aufschaukeln", das Helfen, Unterstützen und das gemeinsame Erleben im Clubverband können der Antrieb für die jahrelange Ausdauer und der nicht nachlassenden Freude am Hobby gewesen sein!

Die FAIRPLAY I

1962

Durch all diese neuen Aktivitäten im Verein angespornt, mußte natürlich auch ein neues Modell in Angriff genommen werden. Ich entschied mich für einen modernen englischen Hafenschlepper. Mit diesem Modell, das mir baulich gut gelungen war, konnte ich auch die ersten Wettkampferfolge einfahren. Zweimal konnte ich mich damit über die Landesmeisterschaften für die darauffolgende Bundesmeisterschaft qualifizieren. Bei der Bundesmeisterschaft 1972 in Duisburg erreichte ich mit dem Schlepper den 3. Platz und war somit für die Europameisterschaft 1973 in der CSSR startberechtigt.

Durch eine Reueländerung der „Naviga", die eine Klassenzusammenlegung zur Folge hatte, verlor ich meine Startberechtigung am grünen Tisch.

Inzwischen wurden die Ansprüche bei den Wettbewerben, vor allem durch die Bauprüfungen, immer höher geschraubt und wer oben mitmischen wollte, mußte schon mit einem Modell aufkreuzen, das mindestens 85 und mehr Punkte von 100 möglichen hergab.

ICH WOLLTE!!!

Also mußte ich mich nach einem Modell umsehen, das vielen Kriterien standhalten konnte. Meine Wahl fiel auf den Plan des Tonnenlegers „OTTO TREPLIN".

Im Winter 1974 reifte der Entschluß, in der Nähe von Kiel Urlaub zu machen und dabei den Versuch zu unternehmen, den Tonnenleger in natura zu besichtigen und zu fotografieren.

Ich hatte Glück, das begehrte Objekt lag im Tonnenhof in Holtenau vor Anker. Für eine bevorstehende Informationsfahrt nach Polen wurde das Schiff auf Hochglanz gebracht. Nach einigem Hin und Her bekam ich die Erlaubnis des Kapitäns, an Bord gehen zu dürfen, um Aufnahmen zu machen. Das war für mich Weihnachten mitten im Sommer.

Nun hatte ich alles was ich brauchte. Durch die vielen Fotos, die ich gemacht hatte, konnte ich über den Plan hinaus eine Menge von Details einplanen. Mit solchen perfekten Unterlagen konnte ich den Bau des Modells beginnen.

Heute, nachdem das Modell fertiggestellt ist, kann ich sagen, daß die Entscheidung damals, den Tonnenleger zu bauen, richtig war. Ich konnte mit diesem Modell eine Reihe schöner Erfolge erringen. Nachstehend eine Beschreibung des Originals und einige Erläuterungen zum Bau des Tonnenlegers.

Das Vorbild OTTO TREPLIN

Die „OTTO TREPLIN" wurde im September 1966 an das Wasser- und Schiffahrtsamt Kiel geliefert.

Bauwerft: Jadewerft GmbH Wilhelmshaven.

Das Schiff, vornehmlich für die Betreuung der schwimmenden Seezeichen auf den Zwangswegen der westlichen Ostsee bestimmt, muß wegen der abzulaufenden langen Strecke eine möglichst hohe Geschwindigkeit haben und über einen großen Aktionsradius verfügen. Es wurde als Einschraubenschiff mit Verstellpropeller und zur Verbesserung der Manöveriereigenschaft mit Aktivruder und Bugstrahlruder ausgerüstet.

Diese Antriebs- und Rudermöglichkeit ermöglicht es dem modernen Schiff auf der Stelle zu drehen, seitlich zu traversieren; es ist somit in die Lage versetzt, bei Wind, Seegang und Strömung ohne Anker metergenaue Position zu halten. Für das Arbeiten an den Tonnen eine unerläßliche Forderung.

Für den Bau des Rumpfes wählte ich die Spantbauweise, die Beplankung erfolgte aus 1 mm Balsaholz.

Zum Beschichten nahm ich Polyester mit gehäckselter Glasmatte. Diese breiige Masse läßt sich relativ leicht mit einem dünnen Spachtel schon ziemlich glatt aufziehen. Was danach kommt, ist eine erste Geduldsprobe: nämlich mehrmals spachteln, schleifen und dann lackieren.

Parallel zu diesen Arbeiten wurde mit aktiver Hilfe meines Schwagers Franz Lindenblatt das Bugstrahlruder und das Aktivruder gefertigt, beides sollte funktionsfähig sein.

Für mich war die Anfertigung dieser beiden Teile eine Nummer zu groß.

Die Übertragung des Antriebes auf die Schraube im Bugstrahlruder erfolgt über zwei Kegelräder aus Messing, der Motor dafür sitzt unter der Ladeluke im Vorschiff.

Beim Aktivruder befindet sich der Motor im Ruderblatt (also unter der Wasserlinie). Das ganze ist in Kautschuk eingegossen, die Stromversorgung läuft durch die Ruderachse. Bis heute sind beide Aggregate störungsfrei gelaufen. Als Hauptantrieb für das Modell dient ein Decaperm, 1:2,75 untersetzt.

Das Hauptdeck hat im Original einen rutschfesten Belag. Das Modell erhielt folgende Imitation: auf das Deck des Modells wurde wasserfestes Schmirgelleinen geklebt, in das auf der Unterseite zuvor die Plattengröße mit einem Schraubenzieher eingeritzt, dann solange gestrichen wurde, bis die Körnung 360 fast nicht mehr zu sehen war.

Das Deck zwischen Kran und Heckaufbau ist ein Schutzdeck. Es ist mit auswechselbaren Planken versehen, um Bojen und Stahldeck durch die Kranarbeit zu schonen.

Als nächstes kam das Hauptmerkmal eines Tonnenlegers, der Bordkran, auf meinen Arbeitstisch. Für mich war der Kran mitentscheidend für die Auswahl des Modells. Seine Konstruktion bietet doch eine Fülle von realisierbaren Details.

Als letztes blieb nun der recht umfangreiche Heckaufbau. Bei meinen

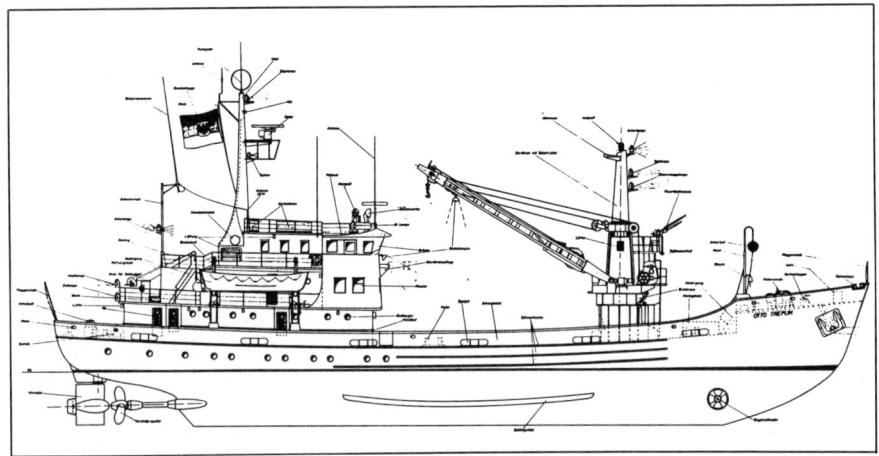

Seitenriß der OTTO TREPLIN

Technische Daten des Originals:

Länge über alles:	48,80 m.
Länge in der CWL:	45,00 m.
Breite auf Hauptspant:	9,50 m.
Konstruktionstiefgang:	3,20 m.
Antriebsleistung:	2 X 750 PS.
Geschwindigkeit 2 Maschine:	13,8 Knoten.
Geschwindigkeit 1 Maschine:	11.0 Knoten.
Vermessung:	514,94 BRT.

Technische Daten des Bordkrans:

Tragfähigkeit bis	6,6 m.
Ausladung	10,5 t.
Tragfähigkeit bis	11,5 m.
Ausladung	6,0 t.

Angaben über das Modell:

Länge über alles:	122,0 cm.
Breite über Spanten:	23,8 cm.
Tiefgang:	8,0 cm.
Höhe:	56,0 cm.
Maßstab:	1:40.

vorausgegangenen Modellbauten waren solche Aufbauten von der Flächenbehandlung (Holz, Pappe oder Kunststoff) immer etwas problematisch. Deshalb wagte ich mich diesmal an Aluminiumblech. Nach einer gewissen Anlaufzeit machte das Arbeiten mit diesem Material Spaß.

Eine recht aufwendige Arbeit war das Einpassen der Fensterrahmen (Messingwinkel 2 x 2 mm). Es versteht sich fast von selbst, daß bei allen Arbeiten zwischendurch immer der entsprechende Anstrich vorgenommen wird. Dann erst werden die einzelnen Teile zusammengebaut und eventuell nachgepinselt.

Vom Rumpf über den Kran und sämtliche Kleinteile ist alles mit dem Pinsel gestrichen, nur die weißen Flächen des Heckaufbaues sind mit der Sprühdose gespritzt.

Zum Anstreichen verwende ich vorwiegend Humbrol Farben. Seidenmatte Anstriche erreiche ich, indem ich Glanz- und Mattlack solange mische, bis mir der Glanz und die Farbe zusagt.

Nun war das Modell fertig und es ging zu den ersten Wettbewerben.

Die nachstehend aufgeführten Erfolge bei Meisterschaften zeigen, daß die mühevolle Arbeit über viele Monate nicht umsonst war.

Die einzelnen Stationen im Wettbewerbsgeschehen mit dem Modell „OTTO TREPLIN":

1976 Büdingen
Bundesleistungsschau
C2: Goldmedaille, 97 Pkt.

1976 Como/Italien
Europäische Leistungsschau
C2: Goldmedaille, 92 Pkt

1977 Hamm
Landesmeisterschaft
F2b: Landesmeister, 191,33 Pkt.

1977 Kiew/UDSSR
Europa-Meisterschaft
F2b: 6. Platz, 182,66 Pkt.

höchste Bauwertung aller Klassen, 95,66 Pkt.

1977 Köln
Oberbürgermeister-Pokal
F2b: 98,00 Pkt.

1978 Hannover
Bundesleistungsschau
C 2: Goldmedaille, 92,00 Pkt.

1978 Hannover
Bundesmeisterschaft
F2b: Bundesmeister, 194,33 Pkt

höchste Baubewertung, 94,33 Pkt.

1978 Köln
Oberbürgermeister-Pokal
F2b: 94,83 Pkt

1978 Cannes/Frankreich
Europäische Leistungsschau
C2: Goldmedaille, 91,00 Pkt.

1979 Witten
Landesmeisterschaft
F2b: 3.Platz, 198,33 Pkt.

1979 Duisburg
1. Weltmeisterschaft
F2b: Weltmeister, 192,00 Pkt.

1981 Magdeburg DDR
2. Weltmeisterschaft
F2b: Vize-Weltmeister,
187,33 Pkt.

1982 Baden-Baden
Bundesleistungsschau
C2: Goldmedaille, 90,66 Pkt.

1983 Lüttich/Belgien
Weltleistungsschau
C2: Silbermedaille, 83,00 Pkt.

Nach hier nur kurz umrissenem Baubericht über den Tonnenleger könnte man meinen, daß sich die Arbeit am Modell in einer tollen Werkstatt mit den entsprechenden Maschinen abgespielt hat. Und dazu dann vielleicht auch noch in relativ kurzer Zeit!

Doch nichts von alledem. Ich habe zwei Werkräume, und zwar einen Keller, 210 cm breit und 380 cm lang. Dort steht eine Kreissäge, eine Handbohrmaschine und diverses Kleinwerkzeug. In diesem kleinen Raum mache ich die Arbeiten, die man schlicht und einfach als Drecksarbeit bezeichnet: Rumpf bauen, schleifen, spachteln, mit der Bohrmaschine drechseln usw. Eine Drehmaschine besitze ich nicht.

Ist diese grobe Arbeit vollbracht, benutze ich meinen zweiten Werkraum, das ist nämlich unsere Küche. Mit Zustimmung meiner Frau darf ich die eine Hälfte der Küche für den Modellbau nutzen, während die andere Seite ihr Wirkungskreis bleibt. Ein alter, ramponierter Tisch ist die Werkbank. Und was die Bauzeit anbelangt, habe ich mich fast fünf Jahre mit dem Bau des Tonnenleger beschäftigt!

Da ich bis zur Fertigstellung des Modells „OTTO TREPLIN" alles mit dem Pinsel gestrichen habe (außer dem Heckaufbau), wurde zum Streichen auch das Badezimmer benutzt. Erst jetzt habe ich mir einen Kompressor zugelegt, er wird dann allerdings wieder im Keller zum Einsatz kommen.

Diesen Schilderungen meiner Arbeitsweise und meiner räumlichen Verhältnisse mögen Sie entnehmen, daß nicht der „Super-Hobbyraum" der Garant für den Erfolg sein kann.

„Werftbetrieb I", in der Küche,

„Werftbetrieb II", im Keller

Es gibt erheblich wichtigeres beim Bau eines Modells, Attribute, die vielmehr in der menschlichen Psyche des Modellbauers als in seiner Umgebung zu suchen sind. Jeder, der in der Lage ist, gute Handwerksarbeit verrichten zu können, kann es im Hobby Schiffsmodell auch zu Leistungen bringen – er muß wollen!!!

Nun noch etwas zu meiner Arbeitsweise und zum Modellbau allgemein. So ist zum Beispiel „Der Modellbauer" eine Bezeichnung, die meines Erachtens nur demjenigen zusteht, der diesen Beruf auch wirklich erlernt hat oder zumindestens eine handwerkliche Ausbildung aufzuweisen hat.

Ich könnte z. B. keinen detaillierten, mit Skizzen oder Zeichnungen versehenen Baubericht verfassen, weil mir das Wissen über die verschiedensten Dinge und Zusammenhänge fehlt. Das beginnt beim Lesen und Anfertigen von Zeichnungen nach DIN, diese Gesetze der Normung wurde mir in meiner Berufsausbildung (als Bäcker) nicht vermittelt. Es endet vielleicht beim Wissen über die Chemie der Lacke, Lackverbindungen und ihre Mischbarkeit. Als Bastler muß man „probieren" – das kostet oft Zeit und führt zu Fehlschlägen, der „Profi" braucht dieses Lehrgeld nicht zu zahlen!

Ich verstehe mich also schlicht und einfach als Bastler. Das besagt nicht, daß ein Bastler keine guten Modelle zustande bringt. (Die Auflistung der Wettbewerbserfolge beweisen das ja). Aber der Weg zu einem guten Modell ist für den Bastler sehr viel schwieriger und länger als für denjenigen, der eine technische oder handwerkliche Berufsausbildung genossen hat.

So möchte ich hier beispielsweise, es war für mich besonders eindrucksvoll, das Wirken meines Clubkollegen Theo Oppenländer aufzeigen. Im Gegensatz zu mir war er in der Lage, ohne Fotos zu haben (es wurde also nur nach Zeichnung gearbeitet), den polnischen Rettungskreuzer „HALNY" perfekt und sauber bauen.

Ich habe den gesamten Ablauf des Bauens mit verfolgt und konnte immer wieder sehen, wie jedes Teil mit dem Wissen und Können eines Handwerkers geplante und fertiggestellt wurde.

Bei mir dagegen war mehr als die Hälfte des Aufwandes nur durch Improvisation zu erreichen. Ein Drittel aller Anstrengungen landen erstmal im Mülleimer, und ohne Fotos zur Verfügung zu haben, geht fast gar nichts. Aber auch das ist ein gangbarer Weg, sonst könnte ich nicht auf 30 Jahre erfolgreiches „Schiffsmodell – Basteln" zurückblicken!

Da ich, wie Sie gelesen haben, in technischer Hinsicht nicht viel zu bieten habe, möchte ich mich mit einem anderen Thema befassen.

Ich möchte hier versuchen, das Wort Wettbewerb zu umschreiben, wie es sich mir in vielen Jahren quer durch Europa fahrend dargestellt hat. Zu-

Tips, Tricks oder Materialvergewaltigungen, egal wie man es nennen mag. Nachstehend eine Auflistung von solchen Entgleisungen und Tatsachen.

1. Schlepper „NEPTUN"

Feuerlöscher: Hauptbestandteil ist ein Widerstand aus einem alten Radio, ein Teil einer Relingsstütze mit einem Nagel ist der Spritzkopf, rot angestrichen und mit Aufreibebuchstaben beschriftet, ebenso die Nebelbojen der Rettungsringe.

Rettungsringe: Hierbei mußten Gardinen-Ringe herhalten, denen ich durch bearbeiten mit Schmirgelleinen die entsprechende Form gab.

Feuerlöschschläuche: Sie bestehen aus Schnürsenkeln, die ich mit matter roter Farbe getränkt habe. Die Kupplungen sind einfache Unterlegscheiben, mit Silberbronze gestrichen.

Der Bug- und Heckfender ist aus dünner Kordel auf einer Strickmaschine gestrickt, mit der gleichen Kordel gefüllt und mit Lack und Farbe bearbeitet. Die Kugelfender hat meine Frau ebenfalls aus dünner Kordel gehäkelt.

Die Peilkompasse und Maschinentelegraphen auf der Brücke sind ebenfalls eigene Herstellung, hier habe ich Bullaugen zum Darstellen der Gehäuse benutzt. Ein Stück Alu-Rohr ist das Mittelteil und den Fuß habe ich mit der Bohrmaschine gedrechselt.

nächst ein paar Worte der persönlichen Einstellung zu diesem Thema. Alle Unternehmungen, über die ich berichten werde, habe ich ohne Ausnahme immer mit meiner Frau unternommen.

Wir haben nach Veröffentlichung der Termine gemeinsam überlegt und geplant. Wenn dann die Entscheidung für eine Teilnahme gefallen war, haben wir auch darüber nachgedacht, was uns eventuell im Negativen begegnen könnte; seien es Unterkunftsprobleme, Versorgungsschwierigkeiten oder Unzulänglichkeiten den Wettbewerb betreffend usw. usw..

Zugegeben, alles kann man nicht von vornherein erfassen, aber dann mußte eben eine gewisse Portion Toleranz, die man zu solchen Anlässen sowieso immer dabei haben sollte, den verbleibenden Rest an eventuellen Schwierigkeiten abdecken.

Bedenken sollte man auch, daß bei Wettbewerben, seien es Landes-, Bundes-, Europa- oder sogar der von der internationalen Beteiligung her etwas zu hoch angesetzte Wettbewerb Weltmeisterschaft, das alles immer nur von einer Handvoll Organisatoren bewältigt wird, von Menschen also wie du und ich, die immer versuchen, das Beste zu geben.

Besonders bedauerlich ist es aber, wenn sich dann solche Teilnehmer in anmaßender Kritik üben, die ansonsten nur den Gegenwert von zwei Packungen Zigaretten im Monat zu investieren pflegen (mehr kostet der Beitrag zum Dachverband „**nauticus**" nicht). Keiner wird zur aktiven Mitarbeit gezwungen, dann sollte man aber auch keine Ansprüche stellen, die in keinem Verhältnis zu der persönlichen Eigenleistung stehen.

nauticus-Emblem

Kurzum, eine gesunde Grundeinstellung zu solchen Geschehnissen sollte man sich schon aneignen, um weiterhin mit Freude als Teilnehmer oder Zuschauer dabei zu sein.

Ich möchte nun im Zusammenhang mit der vorausgegangenen Auflistung von Wettbewerbsterminen noch einmal die einzelnen Stationen aufgreifen und berichten, was sich im einzelnen und im besonderen zugetragen hat.

1971

Die erste Veranstaltung von Internationalem Zuschnitt war die Europameisterschaft 1971 in Ostende / Belgien.

Bei diesem Wettbewerb war unser Clubkollege Lutz Wächter in der Klasse F2a mit seinem Polnischen Schlepper „SERIJENY" am Start. Er war mit seinem sehr guten Modell und guter Fahrleistung im Jahr zuvor in Hamburg Bundesmeister geworden und hatte sich somit für die Europameisterschaft in Ostende qualifiziert. Nach Abschluß der Meisterschaft konnte er den zweiten Platz in seiner Klasse belegen, ein toller Erfolg für ihn und unseren Verein. Bei diesem Wettbewerb hatten 17 Länder Teilnehmer entsandt. 375 Modelle waren am Start. Dort kam es für mich zum ersten Kontakt mit Modellbauern auf internationaler Ebene.

Darüberhinaus war ich von dem Ausmaß dieser Meisterschaft und von der Vielfalt der Möglichkeiten, die es für den Schiffsmodellbau gibt, sehr beeindruckt.

Heute, 15 Jahre danach, kann ich sagen, daß dieses Erlebnis mitbestimmend war für meine weitere Einstellung zum Thema Schiffsmodellbau und Wettbewerb. Übrigens, Bekanntschaften von damals sind zu Freundschaften geworden, die bis heute noch Bestand haben.

1973

An der nächsten Europameisterschaft 1973 in Budejowice (Budweiß), CSSR, konnte ich als Teilnehmer wegen der schon erwähnten Reglementsänderung nicht teilhaben. Aber als Schlachtenbummler war ich mit meiner Frau vom 6. – 12. August Zeuge des Geschehens. Nach einer schönen Fahrt, abgesehen von dem langen Aufenthalt ca. 4 Stunden an der Grenze, konnten wir mittags gegen 15 Uhr unser Quartier beziehen. Wir waren in einem Internat der landwirtschaftlichen Hochschule der Stadt Budweiß ganz in der Nähe des Wettkampfgeländes recht ordentlich untergebracht. Die ganztätige Verpflegung wurde in der Mensa eingenommen.

Die Veranstaltung wurde mit einem großen Aufmarsch eröffnet, als Besonderheit traten Folkloregruppen auf. Zum Schluß der Eröffnungsfeier wurde ein Fallschirm-Zielspringen auf dem Wettkampfgelände durch-

Die Mikrophone sind aus den flexiblen Brillenbügeln vom Großvater.

2. Tonnenleger „OTTO TREPLIN"

Die Ankerwinde ist genau wie vorher beim Schlepper größtenteils aus Holz und Plexiglas erstellt worden.

Die konische Kransäule, gleichzeitig Abgaskamin, habe ich aus Pappe geformt, weil ich eine solche Größenordnung im Bohrfutter der elektrischen Bohrmaschine nicht mehr spannen konnte. Dann natürlich solide gespachtelt und angestrichen, so daß man das eigentliche Baumaterial nicht mal mehr erahnen kann.

Die Scheinwerfer für die Decksbeleuchtung sind aus Verschlüssen von Nagellackfläschchen entstanden.

geführt. Einer der Springer erlaubte sich freiwillig oder unfreiwillig etwas ganz Besonderes – er war sicher bei der Marine – denn er landete statt auf dem grünen Rasen zwischen den Bojen im Wasser!

„Und damit war die Veranstaltung eröffnet."

Unser kleiner Freund

Während dieser Tage hatten wir das herrlichste Badewetter, der See war jedoch für die Dauer der Veranstaltung für die Bevölkerung zum Baden gesperrt. Das hinderte die Leute aber nicht daran, in Scharen als Zuschauer und gleichzeitig zum Sonnenbaden zu kommen.

Dabei fiel uns ein kleiner Tschechenjunge auf, der jeden morgen hier aufkreuzte. Er hatte immer ein kleines Buch in der Hand und besah sich jedes Modell recht interessiert. Wenn er merkte, daß der Erbauer des jeweiligen Modells anwesend war, zückte er sein Büchlein und ließ sich ein Autogramm geben. Dann bedankte er sich artig und ging zum nächsten Modell.

Mittlerweile wurden viele auf ihn aufmerksam und im Stillen war er zum Maskottchen des Wettbewerbs geworden. Wir nannten ihn den kleinen Schwejk. Auffallend war, daß er immer in eine bestimmte Richtung mit jemandem Blickkontakt hielt. Wir entdeckten in der Menschenmenge eine junge Frau. Hier schien er sich immer zu orientieren, was er durfte oder nicht. Wie sich später herausstellte, war es seine Mutter.

So nahm er zunächst keinerlei Geschenke an. Wenn man ihm was anbieten wollte, lehnte er energisch und stolz ab.

waren unzertrennlich. Die Verständigung zwischen den beiden war scheinbar auch gut möglich.
So wurde der Junge durch die Vermittlung unseres bulgarischen Kollegen Mitkov Dimov zutraulicher und man konnte ihm schon mal einen Aufkleber anbieten, ohne das er diese Geste, wie in den Tagen vorher, schroff ablehnte.

Die Tatsache der guten Freundschaft

Die Feuerlöschkanone ist ebenfalls aus meiner reichhaltigen Raritätensammlung entstanden. Es sind dies: verschiedene U-Scheiben, Hohlnieten, Einsätze aus Lüsterklemmen, ein Transistor mußte für die Säule herhalten, zwei verschiedene Kugelschreiberminen, ein Nagel, zwei Handräder von Fa. Graupner, eine Stecknadel, 4 mm Rundmaterial aus Alu, rote Lackfarbe und viel, viel Zeit.

Die USCHAKOV wird von Herrn Speezen (Manschaftsteam DDR, Speezen/Fischer) zu Wasser gelassen.

Wenn wir morgens zum Wettbewerbsgelände kamen, hielten wir zuerst Ausschau nach unserem kleinen Freund. Er war immer dabei. Nach zwei oder drei Tagen hielt er sich besonders gern an einem bestimmten Modell auf; es war ein Kriegsschiff von einem bulgarischen Teilnehmer. Die beiden hatten dann schnell innige Freundschaft geschlossen und

mit dem Jungen ist dem sympathischen Sportsfreund Mitko Dimov beim letzten Lauf in der Klasse F2a beinah zum Verhängnis geworden. Er befaßte sich vor seinem Start so intensiv mit dem kleinen Kerl, erzählte ihm zum wiederholten Male über sein Modell, ließ ihn sich die Funkfernsteuerung umhängen. Dabei überhörte er den Aufruf zum Start,

Wie bereits berichtet, habe ich den Heckaufbau erstmals aus Aluminium gefertigt. Die vorbereiteten Blechteile habe ich dann mit dem zu dieser Zeit neu auf dem Markt erschienenen Sekundenkleber vorgeklebt, daher konnte ich mir die Arbeit des Einspannens ersparen. Zusätzlich habe ich aber alle Klebestellen später mit einer satten Uhu-plus Leimraupe versehen und somit die nötige Stabilität erreicht.

Die Rundfunk- und Fernsehantenne aus dünnstem Draht, versteht sich. Das Gitter jedoch ist Gardinentüll, den ich mit Haarspray stabilisiert habe.

Es gibt viele Modellbauer, die solchen Tüll auch als Decksbelag verwenden, auch hierbei wäre eine vorhergehende Stabilisierung mit Haarspray sicherlich von Nutzen.

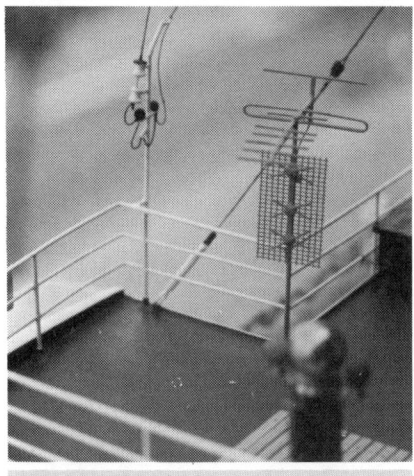

Das Steuerhaus des Bordkrans ist aus 0,5 mm Plexiglas. Die entsprechenden Teile habe ich genau geschnitten und die Kanten auf Gehrung geschliffen, danach die Größe der Fenster aus Klebeband ausgeschnitten und beidseitig exakt aufgeklebt.

Alle Teile habe ich dann außen gelb und innen hellgrün angestrichen, danach die Klebebänder vorsichtig abgezogen, dadurch das erste Mal, das zweite Mal, nach dem dritten und letzten Aufruf schaffte er noch in letzter Sekunde die Durchfahrt durchs Starttor, war dadurch aber so unkonzentriert, daß der für ihn entscheidende Lauf total daneben ging.

Mittlerweile ging der Wettbewerb zu Ende. Sie fragen sich vielleicht, warum diese Story mit dem kleinen Schwejk hier gebracht wurde, aber nur wenig direkte Berichterstattung von der Meisterschaft? Die Antwort ist einfach, gerade das „Drumherum" macht das Leben mit einem intensiv gepflegten Hobby so interessant! Man muß auch schonmal über die Reling hinwegschauen können, damit auch die Randbegebenheiten nicht übersehen.
Das gehört zu den schönsten Seiten der Medaille!

Mehr oder weniger gleichen sich die Abläufe der Veranstaltungen in sportlicher Hinsicht und da ich als Zuschauer diesmal nicht dem Wettkampfstreß ausgesetzt war, konnte ich solche Beobachtungen registrieren und möchte sie Ihnen auch nicht vorenthalten. So ist mir dort bereits klar geworden, daß bei mir die menschlichen Begegnungen bei einer solchen Veranstaltung zukünftig den gleichen Stellenwert einnehmen werden wie das, was man den sportlichen Erfolg nennt.

Zu dieser Feststellung paßt auch noch die Schlußfeier in der Mensa des Internats, die zu einem rauschenden Fest wurde. Die Hitze während der ganzen Tage, dann die Böhmische Blasmusik, der Wein und Tanz am letzten Abend hatten mich jedenfalls so geschafft, daß ich am frühen Morgen vor der Heimreise einen Schwächeanfall erlitt, der einen Arzteinsatz notwendig machte. Mit einem Krankenwagen wurde ich ins Krankenhaus eingeliefert. Ich wurde nach Untersuchungen und Behandlung einige Stunden später als geheilt entlassen, so daß wir „Gott sei Dank" alsbald die Heimreise antreten konnten.

Die Frage nach einer Bezahlung für den medizinischen Einsatz wurde mir dahingehend beantwortet, daß im Ostblock solche Dienstleistungen am Menschen kostenfrei seien! Mich hatte diese Aussage aus Unkenntnis des Systems der Sozialleistungen überrascht. Mir blieb also nur übrig, mich für die schnelle und gute Hilfeleistung zu bedanken.

Ehe ich nun über die Erlebnisse bei internationalen Wettbewerben berichte, möchte ich nochmal in Kurzform und anhand von Auszügen aus unseren Wettbewerbsbestimmungen versuchen zu verdeutlichen, in welchen Disziplinen ich mich aktiv beteiligt habe. Beim ersten Auftreten wird von der Klasse C-3 die Rede sein, als nächstes käme die Klasse F2b, über die es zu berichten gibt.

WASSERSCHEU

muß man selbst nicht unbedingt sein, wenn man ein Standmodell erbaut!

Doch wer einmal ein solches Modell bis zum kleinsten Einzelteil selbst hergestellt hat – und das ganze auch noch einem großen Vorbild entsprechend maßstabsgetreu – der fürchtet für sein Modell die Berührung mit dem nassen Element.

Deshalb wurde für die Schiffsmodellbauer die Wettbewerbsklasse C geschaffen. Sie ermöglicht es Erbauern und Modellen „auf dem Trocknen" zu bleiben.

Die C-Klassen

Für die Standmodelle gibt es folgende vier Wettbewerbsklassen:

Klasse C1: Schiffe ohne Kraftmaschinen: Dazu zählen alle Arten von Segelschiffen, auch wenn ein maschineller Hilfsantrieb vorhanden ist, Ruderboote, Galeeren, Wikingerschiffe usw.

Klasse C2: Schiffe mit Kraftmaschinen: Dazu zählen z. B.: Handels-, Kriegs- und Passagierschiffe, Schlepper, Frachter usw...

Klasse C3: Modellanlagen: Darunter versteht man z. B. Nachbildungen von Hafen- und Werftanlagen, Schleusen usw... Schnittmodelle von Schiffen und Schiffsteilen, Entwicklungsreihen und szenischen Darstellungen.

Klasse C4: Miniaturmodelle: Das sind Modelle von Schiffen oder szenischen Darstellungen im Maßstab 1:250 und kleiner.

Allen Klassen ist gemeinsam; daß die Modelle selbst hergestellt sein müssen. Baukastenmodelle sind nicht zugelassen.

Klasse F2, Vorbildgetreue Schiffsmodelle

Die Klasse der ferngesteuerten vorbildgetreuen Schiffsmodelle ist etwas für den Bastler mit Geduld. Nicht selten erfordert der Bau eines solchen Modells 2-3 Jahre. Mit der Geschicklichkeit eines Kunsthandwerkers bildet der Fan dieser Wettbewerbsklasse nach Originalplänen jedes Detail des großen Vorbildes maßstäblich verkleinert nach. Sogar die Farbe muß genau mit dem Original übereinstimmen. Nach der Größe der Modelle unterscheidet man drei verschiedene Modellklassen:

Klasse F2a: Modelle mit einer Länge von 600-1100 mm.

Klasse F2b: Modelle mit einer Länge von 1100-1700 mm.

Klasse F2c: Modelle mit einer Länge von 1700-2500 mm.

Im Wettbewerb wird jedes Modell von einer 5-köpfigen Bauprüfungskommission auf Herz und Nieren geprüft. Die bestandene Bauprüfung kann dem Erbauer als „Traumnote" die maximale Bewertung von 100 Punkten bringen.

waren jetzt die Fenster frei und die Wandsegmente konnten zusammengefügt werden, wieder mit Sekundenkleber. Die Nahtstellen mußten natürlich hier und da etwas nachgestrichen werden und zuletzt habe ich die schwarze Gummieinfassung der Fenster mit einem dünnen wasserfesten Filzstift aufgemalt.

Da man in den Jahren 1974 – 1976 noch keine Antriebseinheiten für das Bugstrahlruder und das Aktivruder kaufen konnte, mußten die Teile, bis auf die Motoren und Kegelräder, in Eigenarbeit erstellt werden. Das Aktivruder ist aus Messing, Strom und Steuerung erfolgt durch die Ruderachse. Schraubengröße = 20 mm Ø.

Der Hauptbestandteil des Bugstrahlruders, das Getriebegehäuse, ist ebenfalls aus Messing gedreht.

Eine Schmiermöglichkeit sorgt für immer einwandfreien Lauf der Messing- Kegelräder. Schraubengröße = 30 mm ⌀ (Dreiblatt)

Der Wirkungsgrad des Bugstrahlruders ist als gut zu bezeichnen, beim Aktivruder eher als mäßig. Nur bei ruhigem Wasser zeigt es Wirkung. Diese zwei Zusatzfunktionen für die Modellsteuerung in Verbindung mit Ruder und Antrieb gleichzeitig zu beherrschen, bedarf allerdings sehr viel Fingerspitzengefühl, besonders beim Anlegen im Dock. Beim Spazierenfahren ist es eine tolle Sache.

Außerdem muß er sein Modell im Einsatz vorstellen. Per Funk gelenkt, hat es 11 Tordurchfahrten möglichst ohne Bojenberührung, eine Rückwärtsfahrt und ein Anlegemanöver innerhalb von 7 Minuten zu absolvieren. Die maximale Punktzahl, die in der Fahrprüfung erreicht werden kann, beträgt ebenfalls 100 Punkte.

Entscheidend für einen der ersten Plätze in der Klasse F2 ist also eine sauberste Bauausführung plus fehlerfreie Vorführung des Modells in „seinem Element"!

Alles in allem eine überschaubare Angelegenheit nach der sicher verwirrenden Vielfalt der Disziplinen auf den ersten Seiten. Nun zu den erwähnten Erläuterungen:

Eine Bauprüfung der Modelle wird in den Kategorien C, F2 und in den Klassen EH und EK durchgeführt.

Die Wertung erfolgt getrennt nach den einzelnen Klassen und muß für die Klasse E und F2 vor der Fahrprüfung durchgeführt werden.

Die Prüfung und Wertung der Modelle hat nach folgenden Kriterien zu erfolgen.

1. **Ausführung** max = 50 Punkte.
Einschätzung der modellbautechnischen Qualität, Exaktheit der Formen und Oberflächen einschließlich der Qualität des Farbauftrages.

2. **Eindruck** max = 10 Punkte.
Bewertung der äußeren Sauberkeit des Modells und seiner Wirkung.

3. **Umfang** max = 20 Punkte.
Bewertung des Gesamtumfanges für das Modell. Rekonstruktionen und Ergänzungen sollten positiv berücksichtigt werden. Beachtung zeitaufwendiger Arbeiten, bedingt durch den Schwierigkeitsgrad.

4. **Übereinstimmung mit den Bauunterlagen** max = 20 Punkte.
Prüfung auf Maßhaltigkeit (unter Berücksichtigung der zulässigen Toleranzen bei den Hauptabmessungen).

Vollständigkeit aller Details nach den Unterlagen, die dem Modellbauer zur Verfügung standen. Prüfung der richtigen Wahl der Farbtöne sowohl bei Anstrichen als auch bei dem natürlichen Aussehen von Hölzern, Metallen, Geweben und Tauwerk.

Das sind nun in kurzer Form die Regeln, die von den entsprechenden Wertungsrichtern angewendet werden sollen und über Erfolg oder Mißerfolg des Modellbauers entscheiden. Das einzig exakt messbare ist die Maßhaltigkeit der erbauten Teile, alle anderen Kriterien unterliegen, wie ich meine, der „subjektiven" Einschätzung des einzelnen Wertungsrichters. Von den von fünf Bauwertern erarbeiteten Ergebnisse wird die höchste und niedrigste Wertung abgezogen, die Quersumme der drei verbliebenen Werte ergibt das Endergebnis. Eine Art der Entscheidungsfindung, die nicht immer leicht zu finden und zu akzeptieren ist!

Mit diesem fundierten Wissen nun aber hinein in die Geschehnisse um die „herrlichste Nebensache der Welt".

1974

Im darauffolgenden Jahr war die österreichische Metropole Wien in Sachen Schiffsmodellbau unser Reiseziel. Im Gegensatz zu den vorausgegangenen Ausflügen war ich hier das erste Mal als aktiver Teilnehmer an der Europameisterschaft der C-Klasse dabei.

Mein Wettkampfobjekt läßt sich noch im Koffer mitnehmen.

Mein Wettkampfobjekt war dieses Mal sehr handlich, ich hatte es in einem kleinen Koffer dabei. Nach der Ankunft in Wien, wurden wir von der dortigen Organisation aufgenommen und für die nächsten Tage auch weiterhin sehr gut betreut.

Bei dieser Veranstaltung waren 65 Teilnehmer aus acht Ländern mit 101 Modellen am Start. Mit dem, zu dieser Zeit schon fertiggestellten Bordkran der OTTO TREPLIN, den ich speziell für diese Konkurrenz auf ein Teil des Hauptdecks montiert hatte, konnte ich so in der Klasse C3 starten.

Der Kran der OTTO TREPLIN

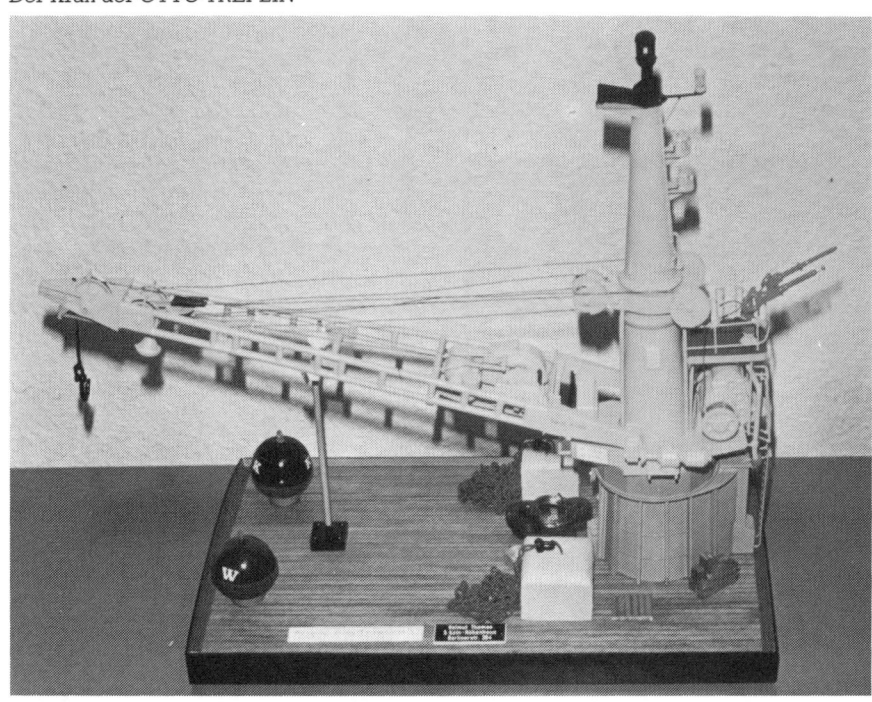

Mit 85.66 Punkten erreichte ich die Leistungsstufe 2, eine Silbermedaille. Dieser erste große Erfolg auf Europäischer Ebene war für mich Ansporn demnächst noch detaillierter den Modellbau zu betreiben.

Im Rahmenprogramm für die Teilnehmer war eine Stadtrundfahrt geplant. Sie machte erst richtigen Appetit auf die Stadt Wien. Bei sovielen Sehenswürdigkeiten, für die nur vier Stunden zur Verfügung standen, wird der Wunsch wach, das alles noch intensiver sehen zu wollen. Bis heute ist es leider nur beim Wünschen geblieben.

Die beiden großen Zementklötze (Anker für Bojen) habe ich aus Balsaholz geschnitten und dann mit Ölspachtel und einem kurzhaarigen Pinsel getupft. Das gab nach entsprechendem Anstrich mit matter Farbe eine schöne Betonstruktur.

Zum Schluß noch ein paar Worte zum Anstrich generell. Wenn es mir eben möglich ist, wärme ich die Farben vor der Bearbeitung immer an, ca. 20 – 30°C. Auch nach dem Aufbringen der Farbe kommen die Teile kurz in den Bakkofen.

Aber Vorsicht bei Kunststoffteilen und möglichst die Genehmigung der Hausfrau für die Benutzung des Ofens einholen. Es riecht nämlich!!!

Ein Leckerbissen war der Heurigen Abend mit gutem Essen und Trinken bei Schrammel-Musik. Es ging bis in die späte Nacht. Die Heimfahrt mit einer der letzten Straßenbahnen wird allen Beteiligten in Erinnerung geblieben sein. Wir waren in einer Bombenstimmung, sodaß die letzten paar Mitreisenden nebst Fahrer sich über unseren, meist im rheinischen oder auch norddeutschen Dialekt verzapften Blödsinn, Gesang und die gute Laune köstlich amüsierten. Man bedauerte, daß wir am Westbahnhof aussteigen mußten.

Eine kleine lustige Begebenheit möchte ich noch zum Besten geben, die wir und Familie Heßmer bei einem Stadtbummel erlebten. Wir kamen gerade vom Stephansdom und uns kam eine Gruppe Bayern entgegen, zu erkennen an der Tracht und ihrem Dialekt. Einer der Gruppe, es schien der Wortführer gewesen zu sein, kam auf mich zu und fragte im rassischen Bayrisch:
„Sie, kommt do d'r Stephansdom?"
Darauf sagte ich ihm: „Enä leeve Jung dä kütt nit zu dir, do mußte hin jon!"
Dem Frager blieb die Spuke weg, am liebsten hätte der mir wohl eine geknallt. Seine Freunde aber, die alles mit gehört und verstanden hatten, brachen in schallendes Gelächter aus. Der eine sagte:
„Jo mei dös woar'a Preiss!"
Ein anderer sagte noch zu mir:
„Döös hobn's guat gesoagt!"
Wir gingen schnell weiter, denn der Frager war ob meiner schnellen Antwort noch sehr zornig. Das war's aus Wien!

1975

Mittlerweile schreiben wir das Jahr 1975 und bis dahin werkelte ich fleißig an meinem Tonnenleger.

Der Bau des Modells stand bei mir sowieso immer im Vordergrund, das Fahren der Modelle gehörte dazu, aber so richtig begeistern konnte ich mich nicht dafür. So ist es auch zu verstehen, daß bei der vorausgegangenen Qualifikation für die Europameisterschaft in Melwyn Garden City bei London meine Fahrkunst mal wieder nicht ausreichte.

Wenn ich also nach England wollte, dann eben nur als Zuschauer. Wir schlossen uns dem Troß wieder mal als Fans an.

Am Fährhafen Ostende

Schon bei der Ankunft in Ostende trafen wir eine ganze Reihe alter Bekannter, und so ging es am nächsten Tag bei herrlichstem Wetter mit der Fähre durch den Ärmelkanal nach Dover. Das Be- und Entladen der großen Fähre, insbesondere das Verstauen der vielen PKW's im Schiff, muß man erlebt haben. Das ist Zentimeterarbeit im Höllentempo.

Wie schon gesagt, bei herrlichstem Wetter über den Ärmelkanal. Das machte sich besonders gut beim Anblick der weißen Kreidefelsen bei Dover und darüber das Grün der „Grünen Insel".

Der nächste Akt war der beginnende Linksverkehr nach Verlassen der Fähre.

Schon bei der Planung mit Familie Heßmer für unsere England-Tournee kamen mir Bedenken in punkto Fahren im Linksverkehr. Nur die Tatsache, daß Friedel Heßmer sich bereit erklärte in England zu fahren, hatte mich umgestimmt. Als dann „Old England" immer näher kam, stieg mein Mut, doch vielleicht selbst wenigstens von der Fähre runter zu fahren. Das habe ich dann auch getan, aber schon hatte uns der Verkehrsstrom erfaßt und so bin ich, ohne noch einmal darüber nachzudenken, in kurzer Zeit wie selbstverständlich mit den Engländern flott mitgefahren.

Nur bei der Kreisverkehr-Regelung wurde es mir doch immer ein bißchen mulmig in der Magengegend, denn dort muß man, entgegengesetzt als bei uns, von links einfahren.

Trotz eines Verfranzens im Raume London kamen wir doch recht zeitig in St. Albans, einige Kilometer von Melwyn Garden City entfernt, an.

Zur Behebung leichter Orientierungsschwierigkeiten packten wir einen freundlichen Engländer mit ins Auto. Er lotste uns zu unserem Quartier. „Bed and Breakfast" fanden wir bei einem älteren Ehepaar. Hier wurden wir gut aufgenommen und in den folgenden Tagen hervorragend bewirtet. Friedel Heßmer hatte durch Bekannte dieses Quartier für uns ausfindig gemacht.

Die Tage vergingen schnell bei dem ansonsten gut organisierten Wettbewerb mit einem tollen Rahmenprogramm.

Was uns aber in England die meisten Schwierigkeiten bereitete, war die Verpflegung. Nach einem fürstlichen englischen Frühstück in unserem Quartier gab es entgegen unserer Gewohnheit mittags so gut wie nichts und abends waren wir öfters in der privaten Atmosphäre der Gaststätten unerwünscht. Die vorhandenen Restaurants waren von Club-Mitgliedern besetzt und wir haben einige Male abends mit knurrendem Magen das Nachtgebet gesprochen.

Das ist eben das Los der Zuschauer und Fans. Die am Wettbewerb Teilnehmenden und in die Organisation einbezogenen Modellbauer hatten solche Sorgen nicht.

Hier fiel dann auch der Entschluß, in Zukunft noch mehr „Schiffchen fahren" zu trainieren, damit die Teilnahme im organisierten Haufen von vorneherein gewährleistet ist.

Ein paar Anmerkungen zum Rahmenprogramm dieses England-Trips möchte ich mir doch noch erlauben. Es geht nochmals, wie könnte es anders sein, um die Verpflegung. Es war ein einschneidendes Problem bei dieser Veranstaltung. Für einen der Abende war in einer Halle auf dem Wettbewerbsgelände ein Abendessen angesagt mit Fish and Chips. Wir waren froh, einmal unserer Abendessenssorge enthoben zu sein; es gab gut und reichlich — leider war das Angebot dann eine reine Geschmacksfrage, für unsere Gaumen allerdings war es nicht das, was man sich gewünscht hatte!

Zum großen Abschiedsessen mußten wir uns voranmelden und im voraus bezahlen. Daher waren wir der Meinung, nach diesen Vorbereitungen zu urteilen, könnte es endlich mal ohne Magenknurren abgehen, aber weit gefehlt! Als die Reden gehalten waren, das kalte Büffet eröffnet wurde, stürmte alles was Beine hatte dorthin. Nur einige wenige, darunter natürlich auch wir, wollten den ersten Ansturm vorbei lassen (man hatte uns ja gelehrt, nie habgierig zu sein!), aber was war dann? Als wir endlich bis zu den Tischen vorgedrungen waren, war alles abgeräumt! Der Nachschub, den wir erwartet hatten, kam auch nicht mehr.

Alles in allem waren es erlebnisreiche Tage. Eingeschlossen eine Tagesfahrt nach London und das gute Abschneiden unserer Mannschaft haben dazu beigetragen, diese Reise in guter Erinnerung zu behalten.

Der Bekanntheitsgrad wächst

Folgendes hat sich zugetragen: Durch Zeitungsberichte über Veranstaltungen unseres Vereins mit Nennung meines Namens wurde der Betriebsleiter unserer Firma auf meine Freizeitbeschäftigung aufmerksam. Eines Tages kam er darauf zu sprechen und stellte mir die Frage, ob ich in der Lage wäre, ein Modell von einem Teilbereich der Kabelfabrik zu bauen. Nach einiger Bedenkzeit, die ich mir erbeten hatte, sagte ich zu. Es kam zu einem weiteren Gespräch, wobei festgelegt wurde, wie dieses Architekturmodell im Endausbau aussehen sollte.

Wir einigten uns auf einen Modellmaßstab von 1:50, das erforderte eine Grundfläche von 380 x 310 cm.

Es mußten gebaut werden ein sechsstöckiges, ein vierstöckiges und ein dreistöckiges Gebäude. Weiter drei verschieden große ebenerdige Hallen und ein älteres Gebäude, das seit Jahrzehnten die Firmendirektion beherbergte. Die einzelnen Etagen der beiden hohen Gebäude sollten durch eine Mechanik auseinanderfahrbar sein, ebenso die Dächer der Hallen. Das bedeutete, daß die Räumlichkeiten auch mit den Produktionsanlagen wenigstens andeutungsweise ausgebaut werden mußten. Dazu kam noch ein Gleisanschluß und eine Verladeanlage. Es war eine interessante, aber auch schwierige Aufgabe, die ich mir da eingehandelt hatte.

Es wurde mir ein Raum zur Verfügung gestellt. Werkzeug wurde angeschafft und Material eingekauft, desweiteren durfte ich mir noch einen Mitarbeiter aussuchen. In meiner Abteilung war ein Schlosser, von dem ich wußte, daß er gerne ausgefallene Tüfteleien machte und solches auch konnte.

Wir wurden von Oktober bis Mai für diese Arbeiten freigestellt, mein Mitarbeiter für jeweils vier Stunden am Tag. Für die Abmessungen der Gebäude hatten wir uns Bauzeichnungen besorgt, alles andere konnten wir ja in Augenschein nehmen. Ein Kriterium bei den Überlegungen, ob diese Aufgabe übernommen werden sollte, war, daß für uns alle Maschinenanlagen und Geräte zugänglich waren, also vermessen werden konnten und ich keine Zeichnungen dafür benötigen würde. So konnte ich den Bau in Angriff nehmen.

Mit der ersten, wie wir meinten leichtesten Halle, wurde begonnen. Das Material für die Gebäude war 8 mm Spanplatte. Die Fenster waren alle aus Plexiglas, die Rahmen haben wir eingeritzt. Von innen wurden die Böden grau und die Wände weiß gestrichen. Da die Außenwände aller Gebäude aus Ziegelstein waren, haben wir für die Fassaden das Ziegelsteinmuster aus Pappe von Faller verarbeitet. Das war eine Schweinearbeit, weil die Fassaden und Pfeiler unzählige Mauervorsprünge aufwiesen.

Die Fensterstürze und alles, was aus Beton gegossen war, wurde mit mattgrau gestrichenem Schmirgelleinen beklebt. Nachdem die erste Halle stand, sie bekam ein Dach aus Plexiglas, damit man hineinsehen konnte, baute mein Kollege die Gebäude weiter und ich begann mit der Inneneinrichtung.

Es war bei der Planung vorgesehen, die einzelnen Maschinen und Anlagen in ihren ungefähren Abmessung in Holzklötzchen darzustellen und zu beschriften. Mich ritt der Teufel, denn ich fing an, die Maschinen detailliert aufzubauen und nachdem die erste Maschine fertig war, waren die Holzklötzchen natürlich vergessen und alles sollte nun in dieser Qualität und Präzision nachgebaut werden. Wer sich in einer Fabrik auskennt, kann erahnen, auf was wir uns eingelassen hatten.

Kurz und gut, wir haben drei Winterhalbjahre gebraucht, um unsere Modellfabrik fertigzustellen.

Von unserer Werkstatt wurde schließlich noch eine Mechanik eingebaut, die das wahlweise Hochfahren der einzelnen Etagen ermöglichte, um überall lückenlosen Einblick zu haben.

Nach der Fertigstellung kam das Modell in einen besonders hergerichteten Raum und wird dort bei Betriebsbesichtigungen vorgeführt. Aus dieser Tätigkeit gingen im Nachhinein noch einige Modellbauten hervor, von denen ich später noch berichten werde. Diesen Ausrutscher in den Architekturmodellbau mußte ich auch hier, beim eigentlichen Thema

Das Modell der Firmengebäude ließ sich etagenweise auseinanderfahren.

Schiffsmodellbau, erwähnen. Denn ohne die Publikationen über den Schiffsmodellbau wäre unsere Firmenleitung nie auf mich und diese Möglichkeit gekommen. Für mich war es natürlich eine ganz hervorragende Möglichkeit, mich quasi übungshalber in „Tüfteleien" zu trainieren – also auch um Perfektion im Schiffsmodellbau zu erlangen!

Doch nun zurück zum Schiffsmodellbau.

Durch die in der Vergangenheit gewonnenen Erkenntnisse und die guten Vorsätze, mehr Kursfahren zu trainieren, was ich auch getan habe, sollte sich dann im kommenden Wettbewerbsjahr die Hoffnung auf besseres Abschneiden bei meinen Regattaeinsätzen erfüllen. Hinzu kam noch, daß in der Klasse F2 wieder die Untergruppen a, b und c eingeführt wurden.

1976

Bei der in diesem Jahr anstehenden Bundesmeisterschaft in Büdingen/Hessen konnte ich dann mit meinem Schlepper „NEPTUN" den 2. Platz in der Klasse F2b belegen und war damit qualifiziert für die Europameisterschaft 1977 in Kiew/UDSSR.

Aber es kam noch besser, denn mittlerweile war die „OTTO TREPLIN" fertig geworden. Für meine Vorstellungen konnte ich mich mit dem Modell sehen lassen. Bis auf die eine oder andere Macke war es mir, so meine ich, recht gut gelungen.

Für die parallel zur Bundesmeisterschaft stattfindende Leistungsschau der C-Klassen hatte ich den Tonnenleger angemeldet. Nun kam es darauf an, was die bundesdeutschen Experten als Bauwerter von meinem neuen Werk hielten. Für mich wurde es ein freudiges Ergebnis, denn ich erhielt mit 97,0 Punkten Leistungsstufe 1, eine Goldmedaille.

Der ehem. Vereinsvorsitzende Horst Muster überreicht den Ehrenpreis für die höchste Bauwertung.

Das war gleichzeitig auch die höchste Wertung bei dieser Veranstaltung. Zusätzlich zur Goldmedaille erhielt ich damals einen vom damaligen Vizepräsidenten des **nauticus**, Edmund Ewert, gestifteten Ehrenpreis für das beste Modell. Einen Weinrömer aus Zinn konnte ich dafür in Empfang nehmen. Es war ein schöner Auftakt für mein neues Modell.

Diese Qualifizierung war gleichzeitig die Zulassung für die 10. Europäische Leistungsschau, die vom 30.10. – 7.11.1976 in Como/Italien stattfinden sollte.

Como, 1976

Nach dem Kofferauspacken von der Bundesmeisterschaft in Büdingen bedeutete das damals, direktes Einsteigen in die Reiseplanung für die Fahrt nach Como.

Mit von der Partie waren, wie auch vorher nach Wien und England, Familie Heßmer und dieses Mal auch ein Neuling in der Wettkampfszene, nämlich unser Neffe Ottmar Lindenblatt, damals 19 Jahre jung. Er hatte ein historisches Schiffsgeschütz gebaut und man durfte auf sein Abschneiden in diesem Wettbewerb gespannt sein.

Durch die fortgeschrittene Jahreszeit konnte man für die Fahrt eigentlich schon mit Witterungsproblemen rechnen. Was aber wirklich kam, überstieg alle unsere Erwartungen.

Wir starteten morgens um vier bei dichtem Nebel, der viele Kilometer anhielt. Als sich der Spuk aufgelöst hatte, fuhren wir bei herrlichem Herbstwetter durch die Schweiz. Nachdem wir auf der Fernstraße 13 die Stadt Chur passiert hatten, ging es langsam in die Berge zum San Bernadino. Zuvor hatten wir einen kleinen Abstecher in die Felsenschlucht der Via Mala gemacht, hier hörten wir fernes Grollen, wir deuteten es einfach als Flugzeuglärm. Als wir aber den San Bernadino Tunnel durchfahren hatten, die schöne Bergwelt genießen wollten, bekamen wir die Erklärung für das ferne Grollen, es war schlicht und einfach Blitz und Donner!

Wir befanden uns mitten in einem schlimmen Gewitter. Es regnete in strömen. Vorbei ging es an Bellizona, die Autostraße nach Lugano stand total unter Wasser.

Lugano, die Stadt für Liebhaber, wie es allenthalben heißt. Aber an diesem Abend war es dort alles andere als schön. Für uns gab es nur eins, schnell ein Hotel finden, um uns von der anstrengenden Fahrt ausruhen zu können. Aber mit der erwarteten Ruhe war's wiedermal nichts, denn das Gewitter tobte die ganze Nacht hindurch. Noch bei der Abfahrt am Morgen Blitz, Donner und Regen, von der Stadt und dem ansonsten schönen Luganer See war nichts zu sehen.

Als wir aber zur italienischen Grenze nach Chiasso kamen, schien wieder die Sonne. Die Abfertigung an der Zollstation ging problemlos über die Bühne. Die letzte Etappe von Lugano aus war nicht mehr weit, so kamen wir früh und wohlbehalten in unserem Hotel in Como an.

Durch den vorausgegangenen tagelangen Regen hatte der Comer See auch starkes Hochwasser und wir mußten während der Tage häufig über provisorische Holzbrücken turnen, wenn wir in die Innenstadt wollten.

Nachdem wir mit unseren Modellen in der altehrwürdigen „Villa Olmo" eingezogen waren, konnte der Wettbewerb beginnen.

Auf der ersten Etage des Gebäudes fand gleichzeitig eine nationale Schiffsmodellausstellung statt, es war eine große Anzahl wertvoller Modelle zu besichtigen. Die Besucherzahlen waren auch dementsprechend hoch.

Für die kleine Mannschaft der Bundesrepublik wurde es ein großer Erfolg. Es waren 6 Modelle am Start, dafür gab es 3x Gold, 1x Silber und 2x Bronze. Ottmar Lindenblatt bekam für sein Modell 71 Punkte = Bronze. Der für viele unvergessene und leider zu früh verstorbene Hans-Georg Buchloh hatte zudem noch auf einen Start mit seinen 3 Modellen, die alle für eine hohe Wertung gut waren verzichtet, da er als Wertungsrichter zum Einsatz kam.

Bei dieser Veranstaltung hat es aber auch einige Enttäuschungen gegeben. So waren die Modellbaufreunde aus der Schweiz mit der Wertung für ihre Modelle so unzufrieden, daß sie damals beschlossen, nie mehr an C-Wettbewerben der Naviga teilzunehmen. Sie haben das dort Ausgesprochene wahr gemacht, und sind fortan zu keinem C-Wettbewerb mehr angetreten.

Einige Teilnehmer der bulgarischen Mannschaft fühlten sich ebenfalls benachteiligt, waren sie doch bei vorausgegangenen internationalen Vergleichen genauso wie die Freunde aus der Schweiz immer mit in der Spitzengruppe vertreten. Die Gründe für dieses Geschehen waren wahrscheinlich in der Zusammensetzung der Wertungsrichter zu sehen. Eine andere Erklärung für das schlechte Abschneiden der beiden Mannschaften konnte man damals nicht finden.

Heute kann man die Feststellung von damals nur bestätigen, denn die bulgarischen Modellbauer konnten danach wieder in den Spitzenpositionen mitmischen. Es bleibt nur zu hoffen, daß mit zunehmender Perfektion der Modelle die Qualität der Schiedsrichter mitwächst. Das geht aber nur, wenn die einzelnen Landesverbände intensive Schulungen durchführen, die exakt auf der Basis der Navigaregeln beruhen.

Der Wettkampfort, die Villa OLMO, war ein altes Schloß und gab einen würdigen Rahmen ab.

Meine OTTO TREPLIN

Das Geschützdeck von O. Lindenblatt

Die Urkunden zur Goldmedaille

Neuschnee verzauberte die Landschaft

Nachdem ich kurz auf die Schiedsrichtern eingegangen bin, möchte ich der Fairneß wegen auch die C-Modellbauer ansprechen. Man muß einmal darauf hinweisen, daß in den C-Klassen keine Meistertitel vergeben werden, das bleibt einzig und allein den Fahrklassen vorbehalten. Die Ergebnisse werden in Leistungsstufen zusammengefasst. Selbst wenn der Teilnehmer in seiner Leistungsstufe die höchste Wertung erreicht hat, ist er nicht „Weltmeister". Er hat schlicht und einfach Leistungsstufe 1 erreicht und eine Goldmedaille errungen. Das besagen unsere Regeln. Wenn man diese einhält, dann muß man auch das Prinzip der Leistungsstufen akzeptieren. So, nachdem das gesagt ist, wenden wir uns wieder angenehmeren Dingen zu.

Wie alles im Leben, so gingen auch die schönen Tage von Como zu Ende. Sie brachten neue Bekanntschaften, neue Impulse, vor allem beim allabendlich geselligen Beisammensein. Hier wurden wiederum Weichen für zukünftige Aktivitäten gestellt. Die damals Anwesenden werden sich noch gut erinnern, daß damals, die für die 1. WM 1979 in Duisburg entscheidenden Pläne, hier geschmiedet wurden.

Die Zeit in Como kannte nur ein Rand-Thema, dafür aber ein sehr spürbares, das Kardinal-Thema hieß Wetter! Während der Tage der Ausstellung war herrliches warmes Herbstwetter. Bis zum letzten Nachmittag vor der Abreise, dann erlebten wir, sozusagen zum Abschied, wie konnte es anders sein, ein schweres Gewitter mit Sturm, Hagel und wolkenbruchartigem Regen. Nachdem das Gewitter vorüber war, sahen wir, daß in den Bergen Schnee gefallen war. Das war dann die nächste Überraschung in Sachen Wetter.

Als wir am nächsten Morgen die Schweizer Grenze erreichten, sollte ich mein Auto auspacken. Nach einigem hin und her holte ich eine Zeitung hervor, die von dem Geschehen in Como berichtet hatte, und die Herren haben nach eingehendem Studium des Berichtes nur noch gute Fahrt gewünscht und wir konnten ohne Kontrolle passieren. Als kleiner Hinweis, für solche Fahrten kann ein Bericht in der Landessprache für die Zollbeamten oftmals Wunder wirken!

Die guten Wünsche für die Weiterfahrt konnten wir sehr bald gut gebrauchen. Als wir zur Paßstraße kamen, war dort ein Hinweis angebracht: Ohne Schneeketten nicht befahrbar,- was nun?

Natürlich hatten wir keine Ketten dabei, so haben wir uns mit sehr vorsichtiger Fahrweise, unsere Autos waren ja gut beladen, weiter auf den Weg gemacht. Der Schnee war auf der Straße noch locker (dank der frühen Tageszeit) und so haben wir auch ohne Ketten die Einfahrt zum Tunnel erreicht.

Nach der Tunneldurchfahrt landeten wir wieder im Nebel. Er verzog sich aber recht schnell, so daß wir wieder (genau wie bei der Hinfahrt) bei strahlendem Sonnenschein durch die Schweiz fahren konnten. Damit das Maß aller Dinge voll wurde, fing es nach der Grenze in Basel wieder an zu regnen. Bei starkem Verkehr und Sauwetter konnten wir erst recht spät unseren jungen Mitfahrer, mit seiner Bronzemedaille dekoriert, bei seinen Eltern abliefern.

Nachdem wir und Familie Heßmer dort übernachtet hatten, ging es am nächsten Tag zurück nach Köln.

Solche Strapazen für ein Hobby, für einen Leistungswettkampf? Solche Aufregungen, materielle Opfer und Unbequemlichkeiten für ein paar Tage Italien? Ja, und nochmals ja, kann ich dazu nur sagen! Wer sich entschlossen hat „A" zu sagen, muß sich von Anbeginn auch im Klaren sein, daß damit auch „B" verbunden ist. Wenn man den Entschluß gefasst hat, im Leistungsgeschehen mitzumischen, dann muß man auch präsent sein! Nur so geht's, nur so ist es akzeptabel und solches Verhalten ist man den Freunden, Mitstreitern und Kollegen schuldig. Ohne die Bereitschaft, Engagement bringen zu wollen, ist jedes leistungsbezogene Hobby zum Scheitern verurteilt.

Sicherlich, man kann ein Hobby auch nur an Sonn- und Feiertagen zur reinen Freizeitgestaltung ausüben. Man kann sein Modell irgendwo schwimmen lassen, weitab jeglichem Clublebens, jeglicher Veranstaltung. Aber, muß man nicht auch an die Lobby eines Hobbys denken? Eines ist sicher, wenn es keine Clubs, keine Verbände und damit verbunden keinen Leistungsnachweis geben würde – dann gäbe es über kurz oder lang auch dieses Hobby nicht mehr. Man muß sich vor Augen halten, daß jeder Freizeitgestaltung, die einen Raumbedarf hat, heute schnell der Lebensraum streitig gemacht wird, wenn niemand da ist, der diesen Raum verteidigt, der einen Anspruch darauf erhebt. In unserem speziellen Fall Schiffsmodellbau wird es keinem „Einzelgänger" gelingen, das Wasserrecht an Seen, Teichen oder Flußläufen zu erhalten oder zu erzwingen. Nur eine starke Lobby, eine intakte Gemeinschaft, kann sich einen solchen notwendigen Lebensraum für unser Hobby erhalten! Zu einer solchermaßen notwendigen Gemeinschaft – sprich Club, sprich Dachverband – muß man sich als engagierter Schiffsmodellbauer beken-

Clubleben an unserem Vereinsgewässer

nen. Verbunden damit muß dann auch die Darstellung des Hobbys sein; wie aber sollte man die Leistungen, die von diesen engagierten Modellbauern erbracht werden, besser darstellen als im Rahmen einer Meisterschaft, Regatta oder Leistungsschau?!

Mit den Tagen in Como ging ein erfolgreiches Wettbewerbsjahr zu Ende. Ein neuer Modellbauwinter stand vor der Tür. In dieser Zeit baute ich mir ein einfaches Rheinschiff als Fahrmodell. Meinen Tonnenleger mußte ich nämlich zum Transport an den See immer in die Transportkiste einpacken und von der 2. Etage zum PKW schleppen. Bei ca. 20 kg „Lebendgewicht" überlegt man sich doch schon, ob es sich für eine Stunde Fahrzeit mit dem Modell lohnt, diese Tortour an jedem Wochenende auf sich zu nehmen. Darüber hinaus wurde das Modell nach jeder errungenen Medaille wertvoller, so wollte ich nur noch bei schönem Wetter mit der OTTO TREPLIN fahren (außer Meisterschaftswettbewerben natürlich).

Einen solchen Spruch, daß ich nur bei schönem Wetter fahren würde, tat ich bei einem Freundschaftswettbewerb in Siegen. Weil eine Woche später ein Start bei einer Meisterschaft anstand, wollte ich das Modell nicht unnötig gefährden. Das veranlaßte den Sohn eines Siegener Modellbauers, der das mitgehört hatte, seinen Vater zu fragen, warum denn dieser Mann nur bei schönem Wetter fahren wolle. Auf jeden Fall sprach sich das immer mehr rund, denn von da an wurde ich häufig als „Schön-Wetter-Fahrer" bezeichnet. Da das der Wahrheit entspricht, berührt es mich auch nicht negativ.

1977

Mittlerweile schrieben wir das Jahr 1977. Zwei Termine standen im Vordergrund. Zum ersten die Landes-Gruppenmeisterschaft im Juni in Hamm/Westfalen. Dort konnte ich mit meinem Modell den Titel des Landesmeisters der Klasse F2b erringen.

Auf dem Treppchen in Hamm: H. Thomas, W. Lehmann, H. Spörk

Aber das weitaus größere Ereignis oder vielleicht Abenteuer sollte die Reise zur Europameisterschaft vom 5. – 14. August nach Kiew/UDSSR werden. Das dies eine Reise würde, die nicht den im westlichen Ausland möglichen Bedingungen unterliegt (denn da gibt es fast keine), das war uns allen klar.

Unsere Rußland-Reise

Wir, die Familie Heßmer, meine Frau und ich hatten uns schon früh im Jahre 1976 entschlossen, mit nach Kiew zu fahren und zwar mit den eigenen Autos. Wie immer bei solchen Anlässen, stand außer dem genauen Datum für den Wettbewerb noch nichts fest. Wir mußten lange warten, bis handfeste Vorstellungen für die Reise dorthin vorlagen. Es stellte sich dann später auch heraus, daß nur einige wenige das Risiko der PKW-Reise auf sich nahmen, die meisten fuhren mit Busunternehmen.

Wir hatten uns für die Reiseroute über Ungarn entschieden. Wir dachten, die Straßenverhältnisse seien dort besser und gleichzeitig waren wir der Meinung, daß das Land Ungarn ebenfalls eine Reise wert sei.

Anfang des Jahres mußten dann die Visaanträge für Ungarn und die Sowjetunion gestellt werden und gleichzeitig für die Durchreise Ungarn und den Aufenthalt in Kiew Hotelunterkunft gebucht und bezahlt werden. Ein Reiseroutenplan wurde erstellt, weil auch Grenzübergangs- und ungefähre Ankunftszeit in den Hotels gemeldet werden mußten. Der erstellte Plan sah wie folgt aus:

30. 7. 77, Samstag: Abfahrt Köln – ca. Passau

31. 7. 77, Sonntag: Abfahrt Passau, Linz, Wien, Nickelsdorf im Burgenland, Österreichische Grenzstation nach Ungarn.

1. 8. 77, Montag: Abfahrt Nickelsdorf, Grenzübergang Hegyeshalom, Mosonmagyarovar, Györ, Komaron, Tata, Tatabanya, Budapest, Vecses, Monor, Abony, Szolnok, Törökszentmiklos, Kisujzallas, Hajduszoboszlo, Debrecen.
Übernachtung mit Frühstück.

2. 8. 77, Dienstag: Abfahrt Debrecen, Nyiregyhaza, Kisvarda, Grenzübergang UDSSR, Zahony/Tschop, Usgorod, Mukatschevo, Styri – Lvov.
Übernachtung mit Frühstück.

3. 8. 77, Mittwoch: Abfahrt Lvov, Rovno, Shitomir – Kiew.
Unterkunft in Kiew Hotel Lebet (Der Schwan). 12 Übernachtungen, 2 Doppelzimmer mit Frühstück.

Gesamtstrecke K Ö L N -K I E W ca. 2500 km.

15. 8. 77, Montag: Abreise Kiew, Übernachtung in Lvov.

16. 8. 77, Dienstag: Abreise Lvov, Grenzübergang Tschop – Debrecen. Übernachtung in Debrecen.

17. 8. 77, Mittwoch: Abreise Deprecen – Nickelsdorf.

18. 8. 77, Donnerstag: Von Nickelsdorf bis zum Bayrischen Wald und von dort am 19. 8. Rückreise nach Köln.

Die Ortsnamen in Ungarn sind reine Zungenbrecher, aber die konnte man noch lesen. Anders dagegen die Verkehrszeichen und Ortsnamen in der UDSSR, in Kyrillischer Schrift, da gab es nur raten und auf Holz klopfen.

Der Reisetermin rückte immer näher, wir haben unsere Fahrzeuge dann einer intensiven Inspektion unterzogen, einige Ersatzteile wie diverse Schläuche, Keilriemen, Kerzen, Lampen, Verteilerteile usw. gekauft. Auch einiges an Verpflegung hatten wir eingeplant. Ein kleiner Gaskocher erlaubte uns zu kochen und mal eine Suppe heiß zu machen, man konnte ja nicht wissen, was uns blühte.

Nachdem wir der Meinung waren, uns gut vorbereitet zu haben, ging es am 30.7.77 auf die 5000 km lange Reise. Mein Auto, ein BMW Touring mit der Möglichkeit, die hintere Sitzbank umzulegen und einen durch die Hecktür zugänglichen schönen Laderaum zu haben, war voll gepackt. Die Kiste mit dem Tonnenleger, eine große Tasche mit Zubehör für den Wettbewerb und für die Reise ein nicht unerheblicher Haufen Papier. Zwei Koffer, zwei weitere Taschen, Fotoapparat mit einer separaten Aufstellung über mitgeführte Fototeile und dann noch eine Kiste für Reiseproviant, zusammengebaut aus 4 cm starken Styroporplatten. Nicht zu vergessen, die wichtige Tasche mit Autoersatzteilen. Darüberhinaus waren dann alle Ecken noch ausgestopft mit Kleinigkeiten.

Das Aufzeigen aller mitgeführten Teile soll einen Überblick geben, was uns an Aufwand an den bevorstehenden Grenzkontrollen erwarten würde.

Unsere Mitfahrerfamilie Heßmer war etwas besser dran, weil kein Modell mitreiste. Aber auch deren Kofferraum war voll. Der erste Reisetag brachte nichts Besonderes, es war, als wenn man nach Österreich in Urlaub fährt. Einige Kilometer hinter Passau war das erste Tagesreiseziel erreicht.

Der zweite Tag war mit der Fahrt durch Wien schon etwas interessanter, aber von unserem damaligen Aufenthalt.her kannten wir uns dort ja etwas aus und es lief alles planmäßig ab. Die anschließende Fahrt durch das Burgenland brachte die ersten neuen Eindrücke. Es ging vorbei an großen Weinfeldern. Direkt an der Straße draußen im freien Feld waren eine Vielzahl von Weinkellern, davor standen Tische und Stühle, die zu einer Weinprobe einluden. Alsbald waren wir in Nickelsdorf, das Ziel unserer Reise am Sonntag. Es liegt unmittelbar vor der Grenzstation nach Ungarn. Als wir ankamen, waren die Übernachtungsmöglichkeiten bis auf ein Vierbettzimmer in einer Privatpension alle belegt.

Ohne lange zu überlegen nahmen wir das Zimmer. Wir hatten bei unseren Reisen bisher immer getrennte Schlafzimmer, aber hier ging es nun mal nicht anders. Nach der Besichtigung des Zimmers wurden die Betten eingeteilt. Friedel Heßmer mußte in das Bett in der Ecke, weil er nachts schnarche.

Um gut schlafen zu können, haben wir nach dem Abendessen den dortigen Wein probiert. Aber was soll ich sagen, der war damals schon so süß – sollte die Süße etwa damals schon ... Na ja, wir verbrachten eine angenehme Nacht. Bestellten sofort ein Zimmer für die Rückfahrt im gleichen Haus.

Wir fuhren früh los, wurden an der Grenze sehr freundlich empfangen. Nur die Pässe wurden kontrolliert und schon durften wir weiter fahren.

Für uns eine kleine Überraschung, aber das erste Auspacken hatten wir schon mal gespart. Gleichzeitg mit der Hoffnung, bei der Ausreise ähnliche Verhältnisse anzutreffen.

Nachdem wir die Deutsche Mark aus der Geldbörse ausgeräumt hatten, mußte jetzt der Schilling durch den Ungarischen Forint ersetzt werden. Denn wir fuhren jetzt in Ungarn.

Wir fanden gute Straßen vor und kamen auch gut voran. Im Gegensatz zu den beiden ersten Reisetagen lebten wir tagsüber nun von unserem Reiseproviant. Der Gaskocher wurde das erste Mal eingesetzt, um Kaffeewasser und später die Suppe heiß zu machen. Bei einem Halt trafen wir auf dem Parkplatz mit einigen Urlaubern aus der DDR zusammen, sie waren dort zahlreich unterwegs. Kurz vor mittag erreichten wir dann Budapest. Für die reibungslose Durchfahrt hatten wir zu Hause genau die Strecke ausgetüftelt, die wir fahren mußten, wenn das kleine Stück Autobahn in die Stadt zu Ende sein würde.

Und genau die Straße, die wir befahren mußten, um durch die Stadt in Richtung Debrecen zu kommen, war wegen Bauarbeiten total gesperrt. Das brachte uns in Schwierigkeiten. Wir haben uns dann total festgefahren. Alles fragen half wegen der schlechten Verständigung nichts, man konnte allenfalls die Richtung erfahren. Mit dieser Richtungsangabe endete dann die Fahrt schnell an der nächsten Einbahnstraße. Als nichts mehr ging, heuerten wir einen Taxifahrer an, er brachte uns dann in rasender Fahrt durch die Stadt wieder auf die richtige Straße.

Hatten wir bis Budapest von der Landschaft her keine Besonderhei-

Ein Ziehbrunnen in der Pusta

Unser Hotel in Debrecen

ten feststellen können, so änderte sich das Bild in Richtung Osten doch sehr schnell. Die ersten Ziehbrunnen tauchten auf und hier und da auch schon mal eine Viehherde, ein untrügliches Zeichen der beginnenden Pußta.

Da wir östlich von Budapest auch wieder gute Straßen vorfanden, konnten wir die noch verbleibenden 220 km bis Debrecen, dem nächsten Tagesziel, gemütlich bis zum späten Nachmittag erreichen. Wir hatten jedenfalls noch soviel Zeit, um uns anzusehen, wie es am nächsten Morgen weitergehen sollte.

Mit der Hotelunterkunft lief alles wie geplant. Unbehaglich war uns bei dem Gedanken, aber das sollte noch öfter in den nächsten Tagen vorkommen, daß unsere Autos vollgepackt über Nacht auf der Straße stehen mußten. Insbesondere nach dem wir beobachtet hatten, daß unsere Autos von vielen interessiert inspiziert wurden. Das Interesse, so hofften wir, galt in erster Linie den dort schon selten gewordenen deutschen PKW's und nicht dem Ladegut.

Unsere Sorge war unbegründet, am nächsten Morgen war alles heil und die Fahrt gen Osten konnte fortgesetzt werden.

Von Debrecen bis zur Grenze hatten wir 95 km zu fahren. Auf dem Weg dorthin konnten wir feststellen, daß der Verkehr in Richtung Grenze immer dünner wurde. Dann konnte auch die Abfertigung schneller vorangehen, dachten wir. Als wir dort ankamen, war in der Tat wenig los. Vor einem Schlagbaum mußten wir aber dennoch warten, bis die Abfertigung für uns frei war.

Als wir einfahren konnten, wurden zuerst die Pässe verlangt, dann ging es zur Zollstation. Dort wurden wir von einer deutsch sprechenden ungarischen Zollbeamtin begrüßt. In einem Atemzug aber forderte sie recht barsch, daß das Auto total auszuräumen sei, auch unter den Sitzen, ausnahmslos alles raus. Ich bewegte mich zunächst recht langsam und meinte dadurch eventuell nicht alles auspacken zu müssen. Es nutzte nichts, sie gab keine Ruhe bis alles raus war. Unser ganzes Gepäck mußte wir noch in eine Halle schleppen. Die einzelnen Behältnisse mußten geöffnet werden, nach kurzer Begutachtung konte alles wieder zugemacht werden. Meine Frau mußte bei den Sachen stehenbleiben und wir, die Beamtin und ich, gingen zum Auto. Auch dort hat die Dame sehr genau kontrolliert. Sie hat bei Ihrer gründlichen Razzia unter der Ladefläche, auf jeder Seite durch zwei Klappen abgedeckt, je einen Gummistiefel gefunden. Somit hatte sie auch ein Erfolgserlebnis, ich habe mich artig entschuldigt, durch einen vorwurfsvollen Blick der Beamtin fühlte ich mich dazu veranlaßt.

Nun konnte der ganze Kram wieder eingepackt werden. Nach Erhalt unserer Papiere und dem obligatorischen Wunsch „weiterhin gute Fahrt" ging es zur nächsten Kontrolle.

Auffallend war das militärische Aufgebot an dieser Grenze, überall standen Soldaten und beobachteten das Geschehen. Wir fuhren einige hundert Meter durchs Niemandsland bis zum Schlagbaum. STOP! WARTEN!

Zwei mit MP bewaffnete Soldaten hatten die Ehre, uns in ihr Land zu lassen. Die Ampel zeigte Grün, der Balken ging hoch, ein zackiger Gruß der beiden Soldaten, ein freundlicher Gruß von uns zurück. Wir rollten im 15 km Tempo auf eine Brücke zu, die über einen kleinen Fluß führte. Mitten auf der Brücke: STOP! Ampel und Schlagbaum hinderten unsere Weiterreise. Wir standen ca. 15 Minuten alleine auf der Brücke, niemand war zu sehen.

Friedel Heßmer durfte in diese Zone noch nicht mit einfahren, der stand noch vor der ersten Sperre. Während dieser Wartezeit machten wir, meine Frau und ich, uns Gedanken, was uns jetzt wohl bevorstehen würde. Wir hatten ja eine Kontrolle hinter uns. Wird es schlimmer werden oder einfacher.

Wir waren ja vom russischen Verband eingeladen worden, also Gäste des Landes. Wir kamen doch als Sportfreunde; alles Fragen, die uns hoffen ließen, bei der Kontrolle etwas großzügiger behandelt zu werden. Dies und jenes ging durch unsere Köpfe. Alles unter einer gewissen Spannung, die sich seit der Einfahrt in die Ungarische Kontrollstelle langsam, aber immer weiter steigerte.

Endlich war es soweit, der Schlagbaum ging hoch und als wir um eine große Kurve kamen, lagen die Abfertigungsgebäude vor uns. Hier herrschte rege Betriebsamkeit. Wo man auch hinsah, Uniformierte in den verschiedensten Fräcken. Wer was war, konnten wir nicht erkennen. Wir wurden an eine Stelle bugsiert, wo die Abfertigung vorgenommen werden sollte. Aussteigen durften wir noch nicht, währenddessen ging ein Zollbeamter im blauen Arbeitsanzug immer um unser Auto herum und sah sich alles genau an. Wir sahen in ihm einen BMW-Fan.

Dann hieß es auf eine inzwischen geöffnete Grube vorfahren. In gleicher Höhe waren auf jeder Seite je vier Meter lange Tische. Wofür die waren, war uns bereits klar. Dann hieß es aussteigen und in Wagennähe bleiben. Bis dahin war von der Familie Heßmer noch nichts zusehen.

Als nächstes kam ein Dolmetscher von Intourist. Er stellte sich vor und begrüßte uns, machte uns gleichzeitg klar, was wir zu tun hatten:

1. Pässe und Visum abgeben.
2. Alle mitgeführten Währungen in ein Formular eintragen.
3. Alle sonstigen Papiere – Brieftasche, Fahrzeugpapiere, Landkarten, Dokumente für den Wettbewerb, halt alles, was beschriebenes Papier war, mußte auf einen bestimmten Platz gelegt werden. Er sagte, daß das abgeholt werden wird. Wir würden aber alles so wiederbekommen.
4. Obst mußte gesondert abgelegt werden, lt. Quarantäne-Bestimmung. Wir hatten Äpfel dabei, auch die wurden mitgenommen.
5. Das Auto total ausräumen, die Sachen beiderseitig auf die Tische stellen.

Wenn die Kontrolle abgeschlossen wäre, müßten wir noch Geld wechseln, Benzingutscheine kaufen und für die Tage in der UDSSR eine besondere Versicherung abschließen. Er selbst stünde zu unserer Verfügung und würde uns helfen, im übrigen sollten wir bitte Verständnis aufbringen für die uns bevorstehenden Kontrollen. In diesem Moment kamen auch die beiden Heßmers einige Meter hinter uns zu stehen. Friedel Heßmer stieg sofort aus und wollte von uns wissen, was läuft. Er wurde zurückbeordert, wir durften keinen Kontakt miteinander aufnehmen. Ich habe im Gegensatz zu Ungarn schneller ausgeladen, denn hier war eine Prozedur vorprogrammiert, die konnten wir in keiner Weise beeinflussen.

Als ich das Auto leer hatte, kam die große Stunde unseres vermeintlichen BMW-Fans. Er holte Werkzeugkästen hervor und begann unser Auto zu demontieren. Er begann mit dem Lösen der Innenverkleidungen an bestimmten Stellen, dort fummelte er dann mit einer Sonde in den Hohlräumen herum. Das Reserverad wurde rausgenommen. Dann aber kam das tollste. Der Touring hatte den Tank rechts hinten unter der Ladefläche. Abgedeckt durch eine Platte, die mit Teppichboden belegt und mit über 20 Schrauben befestigt ist. Alles wurde aufgeschraubt, um an den Benzintank zu kommen. Den hat er dann noch geöffnet und mit einer Sonde durchsucht.

Dieses Geschehen regte mich doch sehr auf, und ich hielt nicht damit zurück, mein Mißfallen darüber dem Dolmetscher deutlich zu machen. Er versuchte mich zu beruhigen, indem er sagte, ich könne davon ausgehen, daß kein Schaden verursacht würde. Der „Täter", so nenne ich ihn mal, hat auch alles ohne Kratzer wieder zusammengebaut. Ich glaube sogar, daß dort bestimmte Leute für spezielle Fahrzeuge ausgebildet sind, ich komme später noch mal darauf zurück.

Es gab keinen Winkel, der nicht abgesucht und abgeklopft wurde, von unten wurde alles ausgeleuchtet. Der Motorraum ebenfalls systematisch kontrolliert. Während unser BMW-Fan wieder alles zusammenbaute, machte sich ein anderer Genosse über unser Ladegut her.

Alles wurde wieder aufgemacht und geprüft. Meine Frau hatte beim Öffnen und wieder Verpacken alle Hände voll zu tun. Ich paßte am Auto auf. Als letztes kamen meine Modellsachen dran.

In diesem Moment tauchte der Dolmetscher mit einem großen breitschultrigen Herrn auf, die Brust mit Orden dekoriert und einen riesigen Hut auf dem Kopf. Er wurde uns vorgestellt als der Sport-Kommissar der sozialistischen Republik der Ukraine.

Er begrüßte uns mit riesigem Hallo in einem Moment, wo unser ganzes derzeitiges Hab und Gut auf der Straße lag und durchsucht wurde. Er konnte nur froh sein, daß ich des Russischen nicht mächtig war!

Der Dolmetscher erkannte jedoch blitzschnell die unmögliche Situation, sprach ein paar Worte mit dem Kommissar und verschwand mit ihm. Gleich darauf kam er zurück, um sich zu entschuldigen und sagte, daß diese Zeremonie nachher wiederholt würde. Während diesem Auftritt ruhten sogar die Aktivitäten der Zöllner.

Es ging weiter mit dem Öffnen der Modellkiste. Das Modell wurde rausgeholt und dann wollte der gute Mann versuchen, was alles am Tonnenleger zu bewegen und zu öffnen wäre. Das habe ich energisch unterbunden und dem herbeigeholten Dolmetscher klar gemacht, daß ich nicht 2500 km zu einem Wettbewerb fahren würde und mir hier durch unsachgemäße Behandlung Beschädigungen am Modell einhandeln wolle.

Ich bot an, alles zu tun, was die Herrn wünschen, aber ich möchte das bitte selbst tun. Anschließend unterhielten sich die beiden etwas lauter und der Dolmetscher blieb bei uns. Ich mußte nun alles, was an dem Modell aufzumachen war, öffnen. Bis auf das Vorschiff ist auch alles gut einzusehen. An dieser Stelle erlaubte er sich darunter zu fühlen.

Währenddessen gab es auch mal einen Moment, wo ich zu meiner Frau sagte, wenn wir nicht schon so weit gefahren wären, würde ich den ganzen Kram wieder einpacken und nach Hause fahren. Denn das, was man sich hier gefallen lassen mußte, war das letzte.

Es blieb die Tasche mit dem Werkzeug, den Ersatzteilen, sowie Batterien und Ladegerät. Als ich den auseinanderziehbaren Werkzeugkasten aufmachte, der vollgestopft war mit Material, hielt der Zollmensch die Luft an, das konnte ich deutlich registrieren. Ich hatte den Eindruck, daß er so etwas noch nicht gesehen hatte. Auch bei den gasdichten Batterien mußte der Dolmetscher eingreifen und klarstellen, um was es ging.

Der letzte Knüller war das Ladegerät. Bei dessen Anblick wurde er wieder ganz anders. Der graue Kasten, die roten Lämpchen, Schalter, Kontakte und Strippen, das mußte einfach etwas Schlimmes sein. Es dauerte eine Weile, bis die Ungefährlichkeit dieses Gerät's deutlich gemacht war.

Inzwischen war auch der ganze Haufen Papier wieder zurückgebracht worden. Es ging ans Ordnen und Einpacken. Dann wurden die Autos auf einem Parkplatz abgestellt, damit der Rest an Formalitäten erledigt werden konnte.

Familie Heßmer war mittlerweile auch, genau wie wir, „fix und fertig". Wir gingen zusammen in eine große Halle. Als wir reinkamen, wer stand da, unser Kommissar! Er mußte ja lange auf uns warten. Aber mit dem gleichen Temperament wie vorher wurden wir ein zweites Mal begrüßt.

Er hatte sich auf einer Liste kundig gemacht, daß noch ein Kölner Teilnehmer fehlte, nämlich Jürgen Mierau. Der kommt mit dem Stuttgarter Bus, konnten wir ihm berichten. Er war zufrieden, wünschte uns viel Erfolg und guten Aufenthalt und verschwand.

Wie schon erwähnt, haben wir mit Hilfe unseres Dolmetschers dann noch Geld gewechselt, Benzingutscheine gekauft und die Versicherung abgeschlossen. Dann konnten wir fahren. Normalerweise hätten wir von der abgelaufenen Zeit her, drei Stunden hat die Abfertigung gedauert, schon Mittagspause gemacht, aber nach diesem Erlebnis war uns der Appetit vergangen.

Bis zu unserem Hotel in Lvov waren es noch ca. 300 km und wir hatten viel Zeit verloren, also nichts wie weiter.

Hatten wir bis zur Grenze Ungarns schöne Straßen, so merkte man hier sofort, daß wir in Rußland waren. Nach 30 km erreichten wir Uzhgorod, die erste Stadt, die wir durchfahren mußten, mit den für uns unleserlichen Schildern. Auf einer großen Kreuzung in der Stadt wurden wir das erstemal auf russisch beschimpft, weil wir etwas zögernd fuhren und den Verkehrsfluß dadurch hemmten. Also genau wie bei uns, wenn ein Ausländer vor uns herschaukelt. Die nächste Stadt Muskatschevo wurde durch eine Umgehungsstraße umfahren.

Landschaft und Straßen boten immer wieder neue Eindrücke

Nachdem wir wieder in freier Natur waren, entschlossen wir uns zu einer kurzen Rast mit Imbiß. Die Damen waren jetzt an der Reihe, etwas zu Futtern zuzubereiten, währenddessen wir die ersten Eindrücke unseres Gastlandes besprachen. Außer ab und zu einem Lastwagen auf der Straße, bewegte sich hier nichts. Zu diesem Zeitpunkt hatten wir auch noch schönes Wetter.

Auf einmal, wie ein Blitz aus heiterem Himmel, stand ein älterer Mann bei uns, einen Holzknüppel als Spazierstock in der Hand. Wo der herkam, war uns schleierhaft. Er war freudig erregt und besah sich die Autos innen und außen. Er studierte wahrscheinlich, was wir für Landsleute sein könnten.

Wir sagten ihm, daß wir Germanskis seien, dann überlegte er und sprach unter anderem von Ulbricht. Nachdem wir bereits 70 km durch sein Land gefahren waren, mußte ich natürlich die bis dahin erreichten Sprachkenntnisse anbringen und antwortete mit „Njet"!

Seine Überlegungen gingen weiter, bis er auf einmal Adenauer nannte. Darauf antwortete ich ihm in akzentfreiem Russisch „Da"! Es schien, daß wir das Problem gelöst hatten und er wußte, wo wir herkamen.

Während diesem Palaver sah er den Gaskocher und faßte, noch ehe wir es verhindern konnten, in die offene Flamme. Das Wasser kochte schon, aber er hatte keinen Schaden erlitten. Seine derben Hände haben es ohne zu zucken und sich zu verbrennen überstanden. Mittlerweile hatte Frau Heßmer das Wasser in die vorbereiteten Tassen gegossen und meine Frau, verwöhnt wie sie nun einmal ist, wollte auch auf dieser Reise nicht auf Milch und Zucker im Kaffee verzichten. Sie hatte sich eine Tube Kaffeemilch mitgebracht.

Als der Mann zusah, wie meine Frau aus einer Tube Milch in Ihren Kaffee goß, wurde er schier verrückt. Wir wußten aber nicht, was er meinte. Er bekam zwei Stücke Rosinenkuchen, die er einfach in eine Hosentasche steckte und aus der anderen Hosentasche holte er vier tischtennisball große Äpfelchen hervor und gab sie den beiden Frauen.

Er lamentierte aber immer weiter. Als er gar keine Ruhe gab, sagte ich zu meiner Frau, zeig ihm doch mal deine Tasche im Auto, denn dort zeigte er immer wieder hin.

Sie holte die Tasche raus, er sah rein und angelte sich die Tube Milch raus. Ich glaube, ein mittlerer Lottogewinner kann sich nicht mehr freuen als dieser Mann, nachdem er im Besitz der Tube Milch war. Meine Frau machte zwar ein dummes Gesicht, denn ab jetzt gab es für sie nur noch schwarzen Kaffee. Wir brachten es aber nicht über's Herz, diese „wertvolle" Tube dem alten Mann wieder abzunehmen. Er hatte nun was ihn so sehr beeindruckt hatte.

Kurze Zeit später verabschiedete er sich und zog von dannen.

Nachdem wir uns gestärkt hatten, ging die Fahrt weiter. Wir bewegten uns im Transkarpatischen Gebiet, bis Muskatschevo fuhren wir durch eine fruchtbare grüne Ebene, soweit man sehen konnte waren rechts und links der Straße Obstbäume.

wir an eine Kreuzung mit der Alternative, hier in drei Richtungen weiterfahren zu können. Keinerlei Hinweis, einfach nichts. Wir entschlossen uns, geradeaus weiter zufahren, in der Hoffnung, daß es richtig sei. Wir hatten Glück, konnte man hinterher feststellen. Die Kreuzung war übrigens die Paßspitze, denn von da an gings bergab.

Auf der Rückfahrt sahen wir auch die Beschilderung dieser Kreuzung. Sie standen von der großen Kreuzung ein bißchen weit abseits, deshalb konnten wir die Dinger durch den Nebel nicht sehen. Nach ein paar Kilometern war der Nebel weg und wir hatten eine regennasse Landschaft vor uns.

werfen. Nachdem ich das Fenster aufgemacht hatte, hörte ich, daß sie „Gum Gum" riefen und die Bewegung war der eindeutige Hinweis auf das Ziehen des Kaugummis.

Während wir die Serpentinen runterfuhren, rannten sie uns geradeaus durch das Gelände hinterher. An jeder Kehre standen sie wieder und

Typische Dorfstraßen, wie man sie noch allerort antreffen kann.

Die nächsten 150 km sollten uns den Karpaten näher bringen. Das Wetter hatte sich verschlechtert und je höher wir kamen desto, dichter wurde der Nebel. So konnten wir von der im Prospekt angegebenen Schönheit der Landschaft nichts mehr sehen. Darüber hinaus wurde die Straße so miserabel, daß man unbedingt darauf achten mußte, wo man herfuhr. Im dichten Nebel weiterfahrend kamen

Wir erlebten hier auch, daß kühehütende Kinder uns jubelnd begrüßten. Sie riefen uns was zu und machten eine Bewegung mit der rechten Hand, als würden sie uns Handküßchen zu

machten ihre Bewegung. Ihre Kühe waren mittlerweile Nebensache geworden. Da unser Vorrat Kaugummi noch irgendwo eingepackt war und wir uns keinen Aufenthalt erlauben konnten, gingen sie leider leer aus.

War die Straße bis dahin miserabel, so wurde sie in Talnähe sau-miserabel. Es mußte auch sehr viel geregnet haben, denn es standen große Pfützen auf der Straße, die man, wenn es eben möglich war, umfahren mußte. Es verbargen sich darunter häufig tiefe Löcher. Ein die Straße begleitender Flußlauf führte Hochwasser. Auf einige Kilometer waren uniformierte Männer zwischen riesigen Steinbrocken postiert, bewaffnet mit Funksprechgeräten. Wir konnten uns nicht erklären, wofür das gut war. Aber Teilnehmer, die nach uns mit dem Bus diese Strecke befuhren, sagten uns, daß die Männer bei eventuell liegengebliebenen Fahrzeugen Hilfe herbei holten, um die einzige Straße benutzbar zu halten.

Wir hatten mittlerweile die Karpaten geschafft, es begann dunkel zu werden. Nachdem wir die Stadt Styri hinter uns gelassen hatten, die Straße durch die Stadt war total verschlammt, hatten wir noch 70 km bis Lvov, unserem Tagesziel.

Als wir die Tour vorbereiteten, hatten wir unter anderem auch die Empfehlung des ADAC registriert. Man sollte bei Reisen in der UDSSR seine Tagesrouten so planen, daß man bei Einbruch der Dunkelheit das Ziel erreicht haben könnte. Wie wahr – wie wahr, kann ich da nur sagen. Mittlerweile war es nämlich dunkel geworden und wir trauten unseren Augen nicht. Die entgegenkommenden Autos hatten nur Standlicht an oder, ja es stimmt was sie jetzt lesen, überhaupt kein Licht an. Wir fuhren wie bei uns mit Abblendlicht. Dem zufolge kamen uns immer mehr Fahrzeuge entgegen, die uns anblinkten. Wir fuhren aber ungeachtet der Proteste so weiter. Kurz vor Lvov wurden wir von einer Polizeistreife auf dem Motorrad angehalten. Was er genau wollte, daß weiß der Teufel. Ich habe in dem allgemeinen Wortschwall nur Präsidium verstanden. Wir haben uns kurz abgesprochen und auf Standlicht umgeschaltet, daraufhin sind wir kurzerhand weitergefahren.

Als wir den Stadtrand erreicht hatten, mußten wir uns auf die Suche des Intourist Hotels konzentrieren. Ein schwieriges Unterfangen. Ich konnte nur auf den Verkehr achten, denn auch in der Stadt wurde größtenteils ohne Beleuchtung gefahren. Die vorhandene Straßenbeleuchtung war für unsere Augen nur eine Notbeleuchtung.

Gott sei Dank war hier nicht mehr so viel Verkehr, aber hin und wieder huschten doch schwarze Schatten vor uns über die Kreuzungen.

Nach einigem Suchen hatte Frau Heßmer in Höhe der Obus-Oberleitung ein kleines Schild erspäht, auf dem stand „Intourist". Daraufhin bekam ich von hinten Lichtzeichen. Wir hielten an, Friedel Heßmer und ich gingen zu Fuß los um das Hotel zu finden. Ein altes Mütterlein hatte uns zu verstehen gegeben, daß wir in unmittelbarer Nähe waren. In der Tat, wir haben auch das Hotel gefunden!

Wir fuhren vor, meldeten uns an und fragten nach dem hoteleigenen Parkplatz. Der Nachtportier sagte uns, daß der Parkplatz ca. 1 km vom Hotel entfernt wäre, also eine weitere Nachtfahrt stand uns bevor. Nachdem er uns den komplizierten Weg erklärt hatte, fuhren wir los. Als wir dort ankamen, schien uns der Platz voll belegt und das große Tor war abgeschlossen. Was nun?

In der Dunkelheit kamen einige komische Gestalten, die etwas kaufen oder Geld tauschen wollten. Also eine ungute Situation. Wir mußten uns praktisch darauf einrichten, im Auto zu übernachten, da sich am Parkplatz auch nach Rufen und Klopfen niemand bewegte. Friedel Heßmer entschloß sich, alleine ins Hotel zurückzulaufen, um Hilfe zu holen. Unsere Frauen hatten es abgelehnt, alleine bei den Autos zu bleiben.

Während wir zu dritt warteten kam eine Person, sie ging zum großen Tor, fummelte daran herum, machte schließlich auf und ging rein. Das nahm ich zum Anlaß, dieser Person hinterherzulaufen. Und siehe da, nach einer Kurve des Zufahrtsweges sah ich eine Bude, davor eine Frau und zwei Männer, die ihr Schwätzchen hielten. Die Frau, sie war in einem dicken Mantel verpackt, hatte die Aufsicht des Platzes. Ich zeigte ihr unseren Parkausweis und sie hatte sofort zwei Plätze parat, so einfach war das. Inzwischen war auch Friedel Heßmer und der Hotelportier mit einem PKW angekommen. Die Parkplatzdame bekam einen Rüffel, wir unseren Parkplatz und mußten dann zu Fuß zum Hotel zurückwandern.

Als wir das Hotel erreichten, hatte bereits ein neuer Tag begonnen. Der vergangene war und sollte auch der schlimmste der ganzen Reise bleiben. Nach einer kurzen Nachtruhe machten wir uns recht früh wieder auf die Weiterreise.

Bis Kiew waren es noch 540 km, eine Entfernung, die bei uns kein Problem darstellt. Wir waren aber gewarnt von den knapp 400 km am Vortag und wollten kein Risiko eingehen.

Auf der Straße in Richtung Rovno, der nächstgrößeren Stadt auf der Route, war doch schon etwas mehr Verkehr, in der Hauptsache aber Lastwagen. Wir fuhren durch eine Landschaft mit vielen Kurven, Steigungen und Abfahrten, die Straße selbst war gut befahrbar. In Rovno angekommen, hieß es dann, auf die Schilder nach Kiew zu achten. Die Qualität der Durchfahrtsstraße hob sich aber so markant von den Nebenstraßen ab, daß es von daher schon kein Problem war, zu erkennen wo's lang ging.

Auf dem Wege nach Shitomir und weiter erlebten wir dann die Ukraine, gekennzeichnet durch riesige Felder. Man war noch bei der Getreideernte und dabei fuhren nicht wie bei uns ein Mähdrescher, sondern acht bis zehn Mähdrescher nebeneinander her! Riesige Traktoren mit Anhängern waren im Einsatz, um das gedroschene Korn abzufahren. Auf anderen Feldern wurden mit ungeheurem Personaleinsatz Gurken oder Tomaten geerntet. Zu den riesigen Kolchosen wurden die Leute aus den Dörfern mit Lastwagen oder Bussen zum Arbeitseinsatz gefahren. Die in den Dörfern zurückgebliebenen Kinder oder älteren Leute bewachten ihr weidendes Vieh, Kühe, Schafe oder Ziegen in den Gräben neben der großen Straße.

Auffallend war, daß sehr viele Frauen selbst beim Straßenbau im Einsatz waren.

Mittlerweile hatten wir Shitomir erreicht. An dem Tag war durchwachsenes Wetter. Regen und Sonnenschein wechselte sich ab. Kurz vor Shitomir kamen wir in ein Gewitter mit starkem Regen. In den Straßen der Stadt stand das Wasser. So kamen wir an eine Kreuzung, mit einem über der Straße verspanntem Draht, an dem ein kleines blaues Schild mit der Aufschrift Kiew nebst Richtungspfeil hing. Die so bezeichnete Straße war, soweit man sehen konnte, ein großer See. Ich wollte nicht glauben, daß diese Straße nach Kiew führen sollte und fuhr geradeaus weiter. Friedel Heßmer war nicht einverstanden und gab von hinten Zeichen. Wir hielten an und befragten einen jungen Mann nach dem Weg. Er zeigte uns die Wasserstraße, die ich gemieden hatte. Es half alles nichts, wir mußten durch. An den entgegenkommenden Lastwagen konnte man sehen, daß auch noch stattliche Löcher in der Straße waren. Ab und zu versanken nahezu vollständig die Räder der Laster. Dem Wasser glücklich entronnen und wieder auf dem richtigen Weg, hatten wir noch 140 km bis Kiew vor uns.

Nachdem wir die vor jeder Stadt postierte Polizeistation passiert hatten, kam unmittelbar danach ein Hinweis „Campingplatz".

Wir wußten, hier wollte der größte Teil unserer Mannschaft zelten. Wir hielten also an, in der Hoffnung, jemand zu finden, der uns sagen konnte, wo und wie wir unser Hotel auffinden würden.

Wir hatten Glück. Zum einen, daß wir jemand getroffen haben der sehr gut deutsch sprach und zum zweiten, daß er unser Hotel „Der Schwan" kannte. Es läge direkt an der stadteinwärts führenden Straße die wir befahren würden. Ein Stein fiel uns vom Herzen, denn die Hauptstadt der ukrainischen S.S.R. ist mit mehr als 1,5 Mio. Einwohnern die drittgrößte Stadt der UDSSR und hat eine riesige Ausdehnung; wir waren froh, nicht wieder suchen zu müssen.

Nach weiteren 5 km hatten wir unser Hotel erreicht. Wir erledigten die nötigen Formalitäten und bezogen unsere Zimmer. Die Autos mußten in der ersten Nacht unbewacht vor dem Hotel stehen, vom nächsten Tag an hatten wir einen bewachten Parkplatz. Es ist oft sonderbar, wie sehr viel mehr man sich um die Sicherheit seines Gefährts kümmert, je weiter man dem heimischen Colonia entfernt ist! Solch ein Auto birgt nicht nur das Modell nebst Zubehör oder Gepäck, es ist dann ein regelrechter Lebensraum geworden! So konnten wir doch ruhiger schlafen, wenn wir unseren Wagen -das Biotop des Reisenden- in Sicherheit wußten.

Nachdem wir in der ersten Nacht gut geschlafen hatten und am nächsten Morgen einem eindrucksvollen Frühstücksbüfett gegenüberstanden, sah die Welt schon ganz anders aus.

Hinzu kam noch, daß wir in der Dolmetscherin von Intourist, übrigens einer sehr netten Dame, große Unterstüzung bei der Klärung aller Fragen gleich welcher Art fanden. Die Terminplanung sah vor, daß ein freier Tag vor Beginn der Meisterschaft zur Verfügung stand. Man nutzte ihn zum Auskundschaften des Umfeldes, z.B. der Verkehrsverhältnisse, der Verpflegung und des Wettbewerbsgeländes.

So nahmen wir uns vor, am Donnerstag mit einem Taxi zum Wettbewerbsort, einem großen Park am Rande der Stadt zu fahren. Hier lagen neben vielen Freizeitmöglichkeiten auch die entsprechenden Gewässer für unseren Modellsport. Der Weg dorthin war recht einfach. Das Gelände lag an der gleichen Straße, auf der wir tags zuvor in die Stadt reinfuhren. Als wir dort ankamen, sahen wir imponierend große Reklametafeln, mit denen auf das zu erwartende Ereignis hingewiesen wurde.

Eine ganze Reihe alter Bekannter konnten wir dort schon begrüßen, die Wettbewerbsstimmung hielt schon Einzug. Nach dieser Exkursion des Kennenlernens hielten wir Ausschau nach einem Taxi, das uns wieder zurückbringen sollte. Auf dem Weg zur Straße war uns jemand gefolgt, der uns dann, als wir stehen blieben, ansprach. Er hatte uns als Deutsche identifiziert und wollte wissen, woher wir kamen und ob er uns helfen könne.

Ein Verhalten, das uns in den näch-

Große Schilder hießen uns willkommen.

sten Tagen noch häufiger auffallen sollte, war die Kontaktaufnahme vieler Leute mit uns und die Äußerung der Bitte, das Eine oder Andere, was wir gerade bei uns hatten, zu verkaufen. So z.B. Schuhe oder Hemd, Taschen, Teile vom Auto wie Antenne, sogar die Jeans-Hose, die man gerade trug. All diese Leute haben fast immer in unserer Sprache ihre Bitten geäußert, das war erstaunlich.

Jetzt aber nochmals zurück zu dem eben erwähnten Herrn. Als er hörte, daß wir ein Taxi und nicht die U-Bahn nehmen wollten, um in unser Hotel zu fahren, konnte er das kaum verstehen. Die U-Bahn sei doch sehr viel billiger und schöner! Wir sagten ihm, daß wir den Weg studieren wollten, der uns täglich zum Park führen würde; dabei versprachen wir ihm, daß wir in den nächsten Tagen auch ganz bestimmt einmal mit der U-Bahn fahren würden. Das Gespräch steigerte sich soweit, daß er uns sehr verärgert verlassen hat und uns beobachtete, bis wir – für ihn unverständlich – mit einem Taxi wegfuhren.

Nach dieser ausführlichen Reiseberichterstattung wird man sich fragen, warum ich eigentlich bislang so wenig vom Thema Schiffsmodellbau berichtet habe. Das Ziel dieses Buches sah ich aber nicht nur in Bauberichten mit Skizzen und Zeichnungen, sondern auch und in erster Linie in der Erzählung der peripheren Erlebnisse solcher Veranstaltungen. Ich

Einmarsch unserer Mannschaft

meine, auch und gerade diese Randthemen gehören zum Hobby und zeichnen das Bild dieser Freizeitbeschäftigung mit dem Modellsport intensiv mit!

Der Wettbewerb

Aber jetzt endlich zum anstehenden Wettbewerb der 10. Europameisterschaft vom 5. 8. – 14. 8. Wir erlebten eine flotte Eröffnungsveranstaltung mit dem Einmarsch der teilnehmenden Nationen. Eine Abordnung Marinesoldaten standen Spalier.

Die bei solchen Anlässen unvermeindlichen Reden wurden gehalten. Die Mannschaftsführer bekamen von jungen Mädchen in ukrainischer Volkstracht Brot und Salz gereicht, ein alter russischer Brauch mit dem man Freunde empfängt. Eine Militärkapelle intonierte die Sowjetische Nationalhymne. Zum Schluß der Feierlichkeiten setzte sich dann ein Blumenkorso in Bewegung. Es waren 10 oder 12 Fahrzeuge, die mit einem großartigen Blumenschmuck versehen an den Teilnehmern und an den vielen Zuschauern vorbeifuhren. Unmittelbar danach begannen die Wettbewerbe, für mich stand als erstes die Bauprüfung bevor. In einer großen Halle, wo vorher die Anmeldung und Vermessung der Modelle vorgenommen wurde, war jetzt auch die Bauprüfung.

Nachdem ich mein Modell dort aufgestellt hatte, konnte ich recht schnell feststellen, daß der Tonnenleger sehr hoch im Kurs stand. Das äußerte sich unter anderem darin, daß ich gebeten wurde, mein Modell einmal separat für Filmaufnahmen aufzubauen. Es wurde aus allen Perspektiven aufgenommen, selbst die Inneneinrichtung des Modells war interessant genug für den Film. Meine

Klasse F2
vorbildgetreue Schiffsmodelle

Die Klasse der ferngesteuerten vorbildgetreuen Schiffsmodelle ist etwas für den Bastler mit Geduld. Nicht selten erfordert der Bau eines solchen Modells 2-3 Jahre. Mit der Geschicklichkeit eines Kunsthandwerkers bildet der Fan dieser Wettbewerbsklasse – nach Originalplänen – jedes Detail des großen Vorbildes maßstäblich verkleinert nach. Sogar die Farbe muß genau mit dem Original übereinstimmen. Nach der Größe der Modelle unterscheidet man drei verschiedene Modellklassen:

Klasse F2a: Modelle mit einer Länge von 600 – 1100 mm.
Klasse F2b: Modelle mit einer Länge von 1100 – 1700 mm.
Klasse F2c: Modelle mit einer Länge von 1700 – 2500 mm.

Im Wettbewerb wird jedes Modell von einer 5-köpfigen Bauprüfungskommission auf Herz und Nieren geprüft. Die bestandene Bauprüfung kann dem Erbauer als „Traumnote" die maximale Bewertung von 100 Punkten bringen.

Außerdem muß er sein Modell im Einsatz vorstellen. Per Funk gelenkt hat es 11 Tordurchfahrten möglichst ohne Bojenberührung, eine Rückwärtsfahrt und ein Anlegemanöver innerhalb von 7 Minuten zu absolvieren. Die maximale Punktzahl, die in der Fahrprüfung erreicht werden kann, beträgt ebenfalls 100 Punkte.

Entscheidend für einen der ersten Plätze in der Klasse F2 ist also eine sauberste Bauausführung plus fehlerfreie Vorführung des Modells in seinem Element!

größte Sorge war, daß dabei nichts kaputt gehen würde. Viele Modellbaufreunde, die schon einmal mit Filmleuten zu tun hatten, werden meine Bedenken teilen.

Nach Ablauf der Bauwertung konnte ich sehr zufrieden sein, denn ich hatte mit 95,67 Punkten die höchste Wertung in der Klasse F2b erreicht.

Wie sich sehr viel später herausstellte, war es sogar die höchste Wertung aller Klassen bei dieser 10. Europameisterschaft. Diese Tatsache veröffentlichte die Zeitschrift „Modellbau heute" der DDR, Ausgabe November 1977. Mir war das bis dahin nicht bekannt, eine Folge der schlechten Ergebnis-Darstellung in Kiew.

So mußte auch unser damaliger Hauptgeschäftsführer Hans Greth nach seiner Ankunft in Kiew mit in die Organisation einsteigen, damit überhaupt ein Zeitplan erstellt werden konnte.

Dagegen waren die Absperrmaßnahmen im Gelände und die Bewachung unserer Autos sehr perfekt. Jeden Morgen kamen einige Mannschaftswagen der Polizei. Die Beamten sorgten den ganzen Tag dafür, daß die Zuschauermassen, das kann man getrost so sagen, in die richtigen Bahnen gelenkt wurden.

Der spannende Augenblick

Nach dem guten Ergebnis der Bauprüfung hatte ich reelle Chancen, bei entsprechender Fahrleistung ganz oben mitzumischen.

Der erste Lauf war angesagt. Von den 11 Teilnehmern hatte nur einer einen 100-Punkte-Lauf erreicht, und das

Es wurde ein großartiges Rahmenprogramm geboten

Eine Verständigung war nur mit Dolmetscher möglich

Aufruf zum Start, rechts im Bild einer der „menschlichen Lautsprecheranlagen"

Die Sophien Kathedrale

war wie so oft unser Horst Steiger aus Hannover. Ich hatte 87,00 Punkte und stand an 6. Stelle. Bis zum nächsten Lauf hatte mein schärfster Konkurrent, Friedrich Wiegand, DDR, die meisten Punkte aufzuweisen.

Mein Club-Kollege Jürgen Mierau war zwar besser gefahren als ich, er hatte mit 181,67 Punkten einen 7. Platz nach dem ersten Lauf. Der zweite Lauf mußte also die entgültige Entscheidung bringen.

Bis zum nächsten Wettbewerbseinsatz, dem zweiten Wertungslauf, sollte man sich entspannen, um für die Entscheidung gerüstet zu sein. Das taten wir denn auch gemeinsam, indem wir uns am nächsten Tag an einer Stadt-Rundfahrt beteiligten, die uns die Sehenswürdigkeiten von Kiew präsentierte. Darüberhinaus unternahmen wir auch eigene Entdeckungsreisen, die uns nicht nur an die exklusiven Vorzeigeplätze des Landes führten. Leider kann man in der UDSSR nicht wie bei uns frei mit dem Fotoapparat dokumentieren. So wurde bei der offiziellen Rundfahrt immer angesagt, wann fotografiert werden durfte und wann nicht. Wenn wir alleine unterwegs waren, mußte ich sehr aufpassen, daß nicht etwas Verbotenes im Blickfeld war, sonst läuft man Gefahr, sich Schwierigkeiten einzuhandeln. Das passiert hier schneller als man als Mitteleuropäer denkt! Man brauchte nur ein Gebäude einer Fabrik oder einen Teil einer Eisenbahnanlage abzulichten, das würde reichen, um die Pratze des russischen Bären zu spüren zu bekommen.

Ein besonderes Erlebnis, wie in allen Großstädten der UDSSR, ist die U-Bahn. Als wir das erstemal damit fuhren, fiel uns die unheimliche Tiefe unseres Einsteigebahnhofs auf. Auf Be-

Ergebnistafel auf Russisch, man beachte die Schreibweisen der Spalte „Nation".

Die fahrbare Kneipe

Die Orthodoxe Kirche

fragen sagte man uns, daß unter der Stadt ein Flußlauf wäre und darunter sich wiederum dieser Bahnhof befände. Wahre Prachtstücke sind diese Bahnhöfe! Wenn man die Rolltreppe der Bahnhofshalle runter kam, bot sich der Eindruck, im Foyer eines renommierten Opernhauses zu sein.

Für den nächsten Tag sollte sich erweisen, ob die Entspannungsphase ausreichend war oder nicht, denn der entscheidende 2. Lauf war für den frühen Nachmittag angesetzt.

Es war sehr schönes Wetter, also fuhren wir schon morgens dorthin. Die Verpflegung nahmen wir „gefechtsmäßig" im Park ein; die Essenszeremonie im Hotel dauerte immer rund zwei Stunden, soviel Zeit hatten wir heute nicht.

War ich beim ersten Lauf als erster am Start, so mußte ich jetzt als letzter starten. Ich konnte also die Konkurrenz beobachten.

Eine ganze Reihe Mannschaftskameraden hatten sich eingefunden, selbst unser damaliger Vizepräsident Edmund Ewert, der dort als Bauprüfer fungierte, war anwesend. Alles war gespannt, was der Thomas jetzt aus seinem kleinen Vorsprung von 0,33 Punkten machen würde.

Der erste Starter war Friedrich Wiegand, DDR, der nach Punkten hinter mir lag. Er fuhr fehlerfrei, das bedeutete, wenn ich vorne sein wollte, mußte ich das auch schaffen. Die Spannung steigerte sich, bis ich zum Start gerufen wurde. Ich fuhr los, durch das Starttor, fahre das 9er Tor an, aber mein Modell fährt vorbei. Jubel bei der Mannschaft der DDR, denn die Entscheidung für den 1. Platz war damit gefallen. Friedrich Wiegand war Europameister. Enttäuschung bei mir, aber noch war nicht alles verloren. Ich fuhr weiter durch das 12er Tor, beim Umfahren der äußeren Boje bekam ich Dreck in die Schraube, mein Schiff stand.

Es gab an dieser Stelle vorher schon mehrfach solche Probleme, zwei Konkurrenten waren da schon rausgeholt worden, andere hatten rückwärts manöveriert und kamen frei. Wie das gewertet wurde, war mir da noch nicht bekannt. Normalerweise ist Rückwärtsfahren im Kurs nicht gestattet. Ich stellte die Frage, ob ich rückwärtsfahren könnte, keine Antwort. Daraufhin riskierte ich es einfach, kam auch in Fahrt, aber 6 Punkte waren dahin. Unmittelbar danach habe ich aufgegeben. Zu diesem Zeitpunkt, das gebe ich unumwunden zu, war ich nervös geworden. Es blieb für mich genau wie nach dem ersten Wertungslauf der 6. Platz. Bei Jürgen Mierau das gleiche, er wurde Siebenter.

Aber so klammheimlich hatte sich Horst Staiger den 3. Platz sichern können. Fast alle Anwesenden waren der Meinung, das wir, die F2 Teilnehmer, gute Modelle bauen könnten, aber zum Fahren würde uns die nötige Nervenkraft fehlen. (siehe Mitteilungen 9.11.1977, Bericht Kiew von E. Ewert)

Ich hatte zu dem Ablauf des Geschehens eine eigene Meinung, die ich auch bis heute nicht geändert habe.

Nach Ablauf der Meisterschaft stellte unsere Mannschaft drei Europameister, nämlich Rudi Hofmann in der Klasse FSR.35 und die beiden Junioren Karsten Jäschke in der Klasse F3E und Robert Reichert in Klasse FSR.15. Erich Pawellek erreichte in der Klasse F7 Leistungsstufe 1, weitere 4 Silber- und 4 Bronzemedaillen gehörten zur Ausbeute der deutschen Mannschaft in Kiew.

Nach der Siegerehrung, die wie bei allen Wettbewerben unter großer Anteilnahme der Bevölkerung von Kiew stattfand, kam das Abschiednehmen, aber mit dem Versprechen auf ein Wiedersehen in zwei Jahren.

Unsere Planung sah vor, daß wir erst am Montag abreisten, so konnten wir uns am Sonntag nochmals in der Stadt umsehen. Dabei erlaubten wir uns, während ein russisch-orthodoxer Gottesdienst gehalten wurde, die Kirche zu besuchen. Ein Erlebnis mit nachhaltigem Eindruck. So ging auch unser Aufenthalt langsam, aber sicher zu Ende. Am nächsten Morgen ging es auf die Heimreise. Wir kamen zum letztenmal an unserer Wettkampfstätte vorbei, deshalb möchte ich noch einmal den vollständigen Namen dieses schönen Parks wiedergeben. Er hieß: „Park der Kultur und Erholung, Leninskoho Komsomolu Brest Lytowsky Prospekt". Schön, nicht wahr!

Nachdem wir dort vorbei waren, haben wir das Wettbewerbsgeschehen abgehakt. Dem Namen des Parks entsprechend sollte die Rückfahrt auch erholsamer werden, um noch mehr Eindrücke als auf der Hinfahrt von Land und Leuten aufnehmen zu können. Die Voraussetzungen dafür waren ja jetzt auch besser, weil wir uns mittlerweile auf die dortigen Verhältnisse eingestellt hatten.

Bei den wenigen Städten, die wir durchfahren haben, war immer am Ortsanfang und am Ortsende eine Polizeistation. Dabei fiel uns auf, daß einer von der Gruppe, meistens waren es drei, ins Wachlokal ging, wenn wir den jeweiligen Posten passiert hatten. Es ist anzunehmen, daß wir dann telefonisch an den nächsten Polizeiposten weitergemeldet wurden.

Wenn wir in einer bestimmten Zeit nicht vorbeigefahren wären, so nehmen wir an, hätte sich bestimmt einer mit dem Krad auf den Weg gemacht und sich um uns bekümmert. Im Nachhinein noch beruhigend zu wissen. Denn wenn uns dort etwas an unseren Autos passiert wäre, hätte es zu Schwierigkeiten kommen können.

Längs der Autostraße waren an Rastplätzen Beton-Rampen installiert, die jeder für eventuelle Reparaturen in Anspruch nehmen konnte. Meistens waren es Lastwagenfahrer, die diese Dinger belegt hatten. Um beim Auto zu bleiben; es war ratsam, an jeder Tankstelle, die 96 Oktan im Programm hatte, zu tanken was nur reinging, denn überall bekam man den kostbaren Saft nicht. Wenn wir an einer Tankstelle vorfuhren, wurden wir immer bevorzugt bedient, die Landsleute mußten warten, es war manchesmal schon peinlich.

Nach dem Tanken ging es wieder auf die Rollbahn, zu beiden Seiten der Bahn waren Feldwege, darauf fuhren hin und wieder Bauern mit ihren Panjewagen. Große Viehherden wurden über diese Wege getrieben und einmal, in der Nähe einer großen Ortschaft, kam uns sogar eine Beerdigung entgegen.

Die Dörfer lagen meistens durch Bäume versteckt etwas abseits der Transitstrecke. An einigen sind wir vorbei gefahren, dort konnten wir die kleinen Holzhäuschen, die immer mit einem Zaun umgeben waren, bewundern und hier und da auch schonmal während der Fahrt in die Dorfstraßen reinschauen. Bei vielem, was man dort zu sehen bekam, fielen mir Erzählungen meines Vaters ein, der im 2. Weltkrieg die Ukraine als Soldat kennenlernen mußte. Seitdem scheint sich nicht viel verändert zu haben.

Noch eine weitere Beobachtung möchte ich nicht vorenthalten. Auf der Hinfahrt hatten wir in einer Stadt, es war Feierabendzeit, einen zweirädrigen Karren mit einem weißen Faß darauf gesehen. Einige Leute standen dabei, als würden sie auf etwas warten. Diese Karren mit den gleichen Fässern und der gleichen Aufschrift sahen wir auch in Kiew. Eines Tages, bei einem nachmittäglichen Stadtbummel, hatten wir die Erklärung, was es damit auf sich hatte. An einer Straßenecke stand ein solches Gefährt und eine Menschenschlange wartete davor. Es kam ein Lastwagen und brachte einen zweiten Karren, zwei ganz in Weiß gekleidete Frauen stiegen aus und packten große Biergläser aus. Inzwischen hatte der Fahrer das eine Gefährt abgekuppelt und mit dem anderen fuhr er weg.

Nun kam Bewegung in die Menschen, denn die beiden Damen hatten soeben einen mobilen Bierstand eröffnet. Wir haben uns sagen lassen, daß, solange der Vorrat reicht und alle noch ein Glas halten können, gezapft wird. Am nächsten Tag käme es dann zur gleichen Zeit zur gleichen Prozedur.

Nach diesem Rückgriff auf Erlebtes in Kiew möchte ich die Berichterstattung vom ersten Tag der Heimreise beschließen. Wir waren diesesmal so früh in Lvov, daß wir uns noch einen kurzen Spaziergang in der Stadt erlauben konnten.

Durch die hinlänglich bekannten Ereignisse bei der Abfertigung an den Grenzen waren wir ja gewarnt, daher sind wir schon im Morgengrauen in Lvov gestartet. Außer fast einer halben Stunde Wartezeit an einem Bahnübergang, ein riesig langer Zug im Schneckentempo befahl uns eine Zwangspause, lief alles planmäßig. Wir hatten auch gutes Wetter, sodaß wir die Karpaten diesesmal angenehm erleben konnten. Wir kamen zeitig an die Grenze. Den ersten Bekannten, den wir dort wiedersahen, war der BMW-Fan! Im Gegensatz zu damals hatte er heute eine schmucke Uniform an, besichtigte unser Auto und spazierte weg. Das veranlaßte mich, zu meiner Frau zu sagen, daß er wohl heute keinen Arbeitsdienst hätte und uns hier nicht strapazieren würde.

Es kam der Dolmetscher von Intourist, aber das es diesesmal ein anderer. Etwas besseres zu sagen als sein Vorgänger wußte der aber auch nicht, denn es hieß sofort wieder alles auspacken. Wir hörten fast die gleichen Sprüche wie bei der Hinfahrt, daraufhin räumten wir alles aus. Auf einmal, ich traute meinen Augen nicht, unser „Fan" stand vor uns. Er hatte seinen Blaumann angezogen, stellte seinen Werkzeugkasten ab und spulte sein Programm exakt runter. Nur der Tank interessierte ihn diesesmal nicht, alles andere wie gehabt.

Aber auch das haben wir überstanden und nachdem wir den letzten Schlagbaum unseres Gastlandes hinter uns gelassen hatten, entfuhr uns beiden fast gleichzeitig ein inbrünstiges „Gott sei Dank".

Ich möchte nun den kleinen Abschnitt Niemandsland benutzen und das Thema 10. Europameisterschaft abschließen, von dem ich versucht habe, etwas ausführlicher zu berichten. Wenn man von den für uns ungewöhnlichen Aktivitäten an der Grenze einmal absieht, dann haben wir ein Gastland erlebt, daß in seiner ureigenen Art einmalig ist. Mein Wortschatz reicht jedenfalls nicht aus, um abschließend auszudrücken, was wir dort im Zusammenhang mit dem Hobby Schiffsmodellbau alles erleben durften.

Der Modellbau auch als Nebenerwerbsquelle

Bei dem Bericht über das von mir erstellte Fabrikmodell hatte ich erwähnt, daß es nach der Fertigstellung für Betriebsbesuche herangezogen würde, um den Besuchern eine Orientierungshilfe bei der Besichtigung unserer Produktionsanlagen zu geben. Aus diesem Anlaß war häufig ein Ingenieur der Firma Hydraulik Duisburg GmbH in unserem Betrieb zu Gast, die eine hydraulische Aluminium-Kabelummantelungs-Presse für unsere Fertigung konzipiert hatte.

Diese Presse war damals das modernste und größte Objekt seiner Art in Europa. So kam diese Firma mit ihren Interessenten immer zu uns nach Köln, weil dort die Anlage auch in Funktion gezeigt werden konnte. Bei solchen Anlässen mußte ich dann immer unser Werksmodell vorführen, darin stand ja auch diese Maschine im Maßstab 1:50. Bei einem der Besuche fragte mich der Vertreter des Duisburger Unternehmens, ob ich nicht ein Modell davon bauen könne, damit sie mit einem Teil ihrer Besucher nicht immer nach Köln zu fahren brauchten. Ich sollte bitte überlegen, ob ich bereit wäre, diesen Modellnachbau zu übernehmen; er würde abklären, ob in ihrem Hause Interesse dafür besteht. Wir kamen sehr schnell überein, daß ich die Anlage im Maßstab 1:20 erstellen sollte.

In knapp einem Jahr war die Sache zu beiderseitiger Zufriedenheit über die Bühne gegangen. Die Besuche der Firma aus Duisburg wurden immer seltener. Ein Beweis dafür, daß die von mir erstellte Anlage eine gute Investition war. So wertete ich es jedenfalls.

Eine weitere Bestätigung, daß meine Arbeit bei dem vorausgegangenen Auftrag die Leute überzeugt hat, sah ich darin, daß mir eine Anfrage zur Erstellung weiterer Modellbauarbeiten gestellt wurde. Ich habe dieses Angebot nach reiflicher Überlegung nicht angenommen, weil bei den Vorgesprächen deutlich wurde, daß es bei der Abwicklung von Aufträgen auch zu Terminforderungen kommen könnte, die mich dann unter Zeitdruck setzen würden.

Ein weiterer wichtiger Grund war, jetzt kommt es mal wieder – das als Bauunterlagen nur die Zeichnungen ihres Konstruktionsbüros zur Verfügung standen. Ich kannte mich ja mittlerweile mit Zeichnungen schon soweit aus, daß ich die Abmessungen verwerten konnte, aber exakt lesen und dann umsetzen, dazu sah ich mich einfach nicht in der Lage. Daher, wenn auch schweren Herzens, die Absage.

Das Modell einer Kabelummantelungspresse

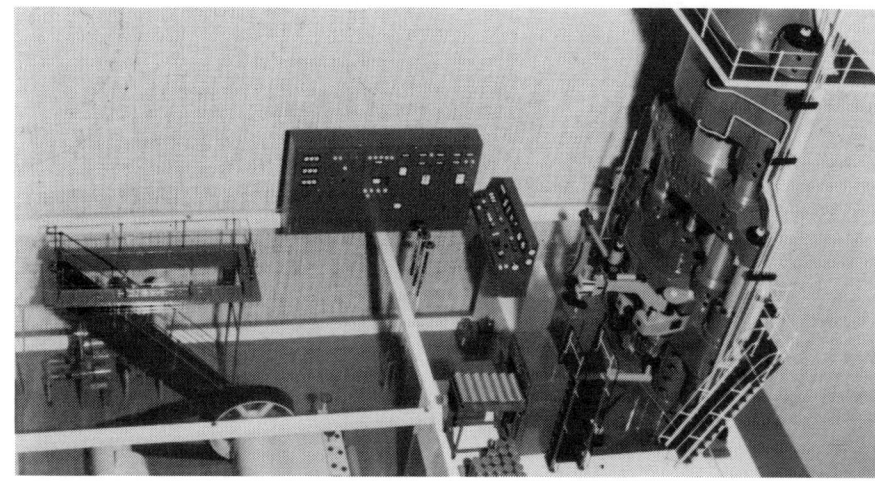

Sie sehen, ich habe außer ein paar Fotos von dieser privaten Aktivität keine weiteren Ausführungen zum Bau dieser Modellanlage gemacht. Das hat folgenden Grund: Aus diesem Auftrag hat sich sofort ein neuer entwickelt, den ich dann etwas ausführlicher beschreiben möchte.

Als ich mit meiner Arbeit damals fertig war, wurde ein Termin vereinbart, an dem ich bei uns das Projekt vorstellen sollte. Noch ehe der Herr aus Duisburg das Modell zu Gesicht bekam, wurde mir von unserem Betriebsleiter gesagt, so etwas müssen wir auch haben, aber möglichst noch etwas größer.

Ich hatte also den Auftrag bekommen, diese Anlage ein drittes Mal zu bauen, und zwar nach dem Maßstab 1:50 und 1:20 sollte dieser Neubau im Maßstab 1:10 erfolgen.

Eine imponierende Größe würde das werden, denn man muß wissen, daß das Original von Oberkante Fundament bis zur Spitze stolze 19 Meter Höhe aufzuweisen hat. Diese Aluminium-Kabelummantelungs-Presse dient, wie der Name schon sagt, zum Ummanteln von Telefonkabeln mit glattem oder gewelltem Aluminiummantel. Die 3000 t schwere Presse arbeitet mit einem Betriebsdruck von 400 atü und die Betriebstemperatur zum Verflüssigen der Alu-Blöcke beträgt 400 °C.

Das Modell sollte die Anlage in der ganzen Größe zeigen, den dazu gehörenden Keller mit den großen Pumpen und den ganzen Steuermechanismen aber nur andeutungsweise. Die Vorderseite sollte original dargestellt werden. Auf der Rückseite, das war wieder etwas für den „bastelnden Bäcker", wünschte man sich, die wichtigsten Positionen im Schnitt sehen zu können.

Jetzt werden einige annehmen, daß ein solches Projekt doch nur aus Metall erstellt werden kann. Aber weit gefehlt! Die gesamte Anlage ist ca. 90% aus Holz, auch wenn die Fotos den Eindruck erwecken, es sei Metall. So, nun ein kleiner Bericht über den Bau dieses Prachtstückes:

Zunächst habe ich aus 20 mm starken Buchenholzbrettern die entsprechenden Teile zusammengeleimt. Ich hatte mir von unserem Holzlager garantiert abgelagertes Holz dafür besorgt. Da für solche Dimensionen ein Kombiwerkzeug nicht mehr ausreicht, hat nach meinen Angaben unsere Mechanik-Werkstatt die Drehteile aus Holz gefertigt. Die Weiterbearbeitung, bohren und fräsen, habe ich dann wieder selbst vorgenommen.

Die einzigen Metallteile sind einmal der große Druck-Zylinder mit dem Stempel in der Mitte der Anlage und die vier Führungssäulen an den Seiten, die aus Aluminiumrohren aufgebaut sind.

Über den Zusammenbau gibt es nichts Außergewöhnliches zu sagen, aber dafür habe ich mir sehr viel Mühe gemacht mit der Behandlung der Holzflächen. Alle Holzteile sind mehrmals gespachtelt, sodaß keine Holzmaserung mehr zu erkennen war.

Es hat sich gelohnt, denn bis heute gibt es keinerlei Anzeichen durch sichtbar gewordene Maserung oder Risse, daß die Teile aus Holz gefertigt wurden. Die Angaben für die im Schnitt zu zeigenden Positionen habe ich mir vom zuständigen Abt.-Meister in Verbindung mit den vorhandenen Zeichnungen erklären und darstellen lassen.

Eine ganze Reihe spezieller Teile und Zubehör habe ich noch dazu fabriziert. Darüberhinaus war vorgesehen, die Presse auch durch motorischen Antrieb über Spindeln in Bewegung zu setzten. So wurde mein Modell voll funktionstüchtig erstellt. Die Motorisierung sollte durch die Werkstatt erfolgen, leider wurde das aber nicht mehr verwirklicht.

Nach der Fertigstellung fand das Modell in einem eigens dafür erstellten Glasschrank in enger Nachbarschaft des Firmenmodells einen würdigen Platz.

Bei einer chronologisch exakten Folge meiner Erzählungen hätte der letzte Bericht von der Kabelpresse und der jetzt folgende in der Zeit vor 1970 liegen müssen. Die Verlagerung dieser beiden Bauberichte soll das Gesamtkonzept etwas auflockern.

Insbesondere nach der auch für den Leser sicher anstrengenden Reise in die UDSSR wird jetzt der Modellbau wieder im Vordergrund stehen. Wenn man einmal die Chance hatte, mit seinem Hobby die private Kasse aufzufrischen, wie es im vorausgegangenen Bericht über die Presse im Maßstab 1:20 der Fall war, dann spekuliert sicher jeder Modellbauer darauf, daß auch ein weiteres Mal zu probieren.

So kam mir der Gedanke, ein Schiffsmodell zu bauen, welches ich nach Fertigstellung meinem Arbeitgeber, der damaligen Felten & Guilleaume Carlswerk AG, zum Kauf anbieten wollte.

Das Unternehmen stellte jahrzehntelang unter anderem auch Seekabel her und verlegte sie. Die dafür notwendigen Kabelleger waren bereits in mehrfacher Generation gebaut und verschlissen worden.

Seekabelleger NEPTUN

Am 27. Februar 1962 wurde daraufhin ein neues Schiff in Dienst gestellt. Die offizielle Typenbezeichnung: Kabellege- und Frachtmotorschiff „Neptun" für die Union Kabellegungs- und Schiffahrts-Gesellschaft mbH Norderham. Erbaut von den Lübecker Flender-Werken AG, Bau Nr. 532.

Das Modell der NEPTUN

Dieses schicke Schiff sollte mich in der nächsten Zeit beschäftigen. Die Beschaffung der entsprechenden Bauunterlagen, wie immer, sehr schwierig!

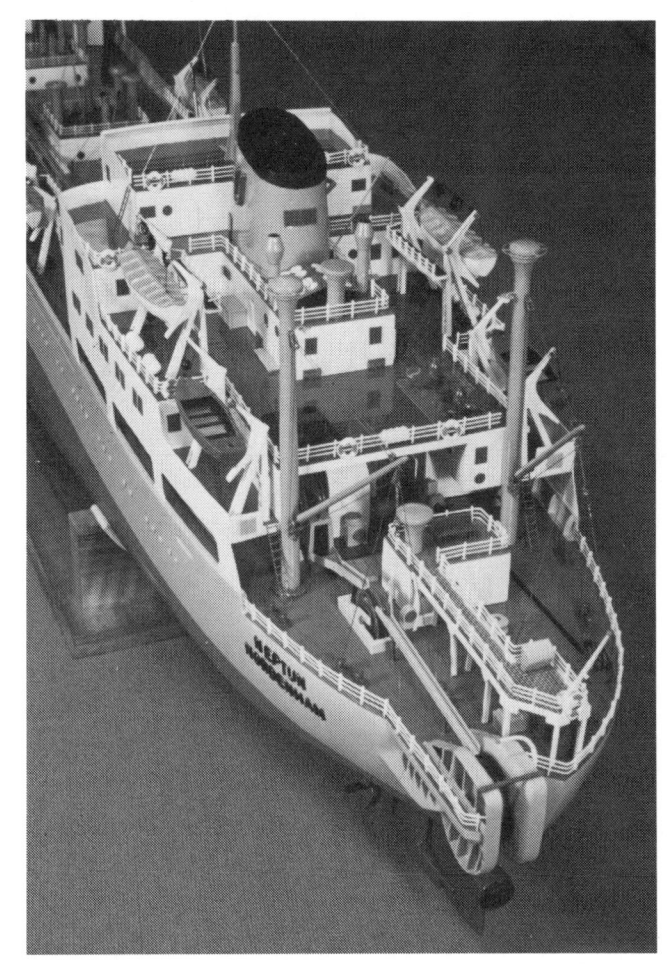

Detailansichten der NEPTUN

Ich wollte auch keine Anfrage über die Firma starten, sonst mußte ich wieder mit Sonderwünschen rechnen, denn bei uns in der Direktion stand ein Modell eines früheren Kabellegers, aber als Schnittmodell dargestellt. Vor einer solchen Aufgabe hatte ich Manschetten. Deshalb suchte ich lieber privat weiter. Dann konnte ich so bauen, wie es mir gefiel. Mein Risiko war dabei natürlich, ob ich später das Modell würde verkaufen können.

Ich beschaffte mir eine Ausgabe von der Zeitschrift „Schiff und Hafen" mit einer 26 seitigen Abhandlung über das Schiff. Ein Fachmann hätte damit alles gehabt, aber ich? Mir war bekannt, daß es in England eine Stelle gibt, die von jedem neuen Schiff, welches durch den Ärmelkanal fährt, Luftaufnahmen macht. Ich habe drei Fotos bestellt. Tatsächlich kamen

Das Originalschiff, die NEPTUN im Kanal

auch drei Exemplare im Format 18 x 24 cm von hervorragender Qualität bei mir an.

Ein weiterer Schritt zur erfolgreichen Dokumentation der „Neptun" bot sich dann noch zusätzlich recht überraschend: „Das Glück ist mit den Doofen", sagt unser Vorsitzender Helmut Krahé immer und so war es auch im vorliegenden Fall. Mein damaliger Chef wurde zu einer Kabellegefahrt für ca. vier Wochen abgestellt. Was konnte besseres passieren!? Er wurde mit den allerbesten Wünschen für diese Fahrt von mir verabschiedet. Diesen guten Wünschen fügte ich noch eine kleine Bitte hinzu, nämlich

Generalplan der NEPTUN

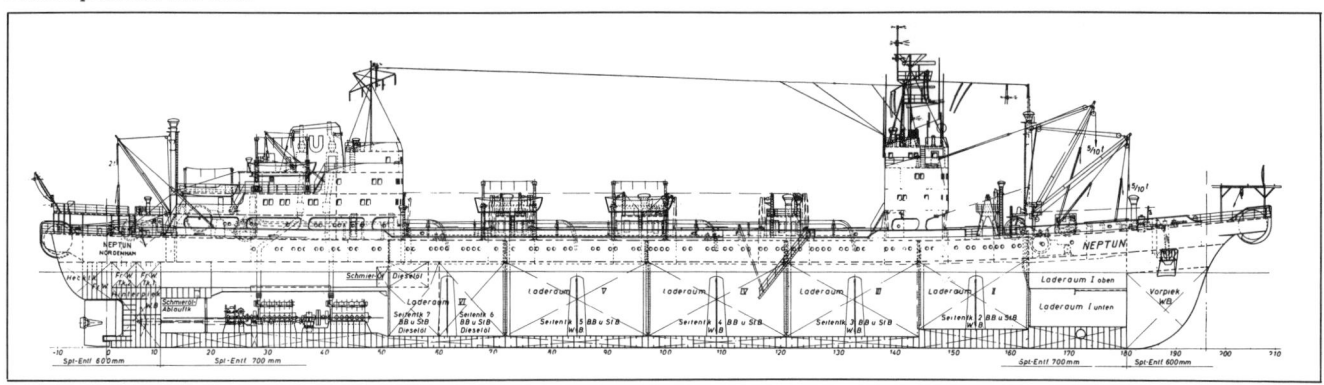

drei 36-er Filme, die ich ihm zur Verfügung gestellt hatte, zu belichten und wenn dann noch die belichteten Filme in den Generalplan eingewickelt würden, wäre das optimal. Meine Wünsche wurden perfekt erfüllt.

Bevor der Bau-Bericht beginnt, möchte ich ein paar Daten des Schiffes aufzeichnen:

Länge über alles:	= 150,50 m
Breite über alles:	= 18,75 m
Höhe bis Oberdeck:	= 12,60 m
Maschinenleistung:	= 4 x 1490 PS
Geschwindigkeit:	= 14 Kn
Besatzung bei Kabelfahrt	= 130–140 Mann
Aktionsradius bei Kabelfahrt	= 6 Wochen
Tragfähigkeit bei Kabelfahrt	= 11863 t
Tragfähigkeit bei Frachtfahrt	= 11992 t
Kabelrauminhalt:	= 6310 m³

entsprechend einer Kabellänge von ca. = 3730 Sm = 6900 km.

Dieses Schiff war in erster Linie als Kabelleger konzipiert, konnte aber auch als Frachter für Schüttgüter eingesetzt werden. Da bei Kabelarbeiten exakte Manöver gefahren werden mußten, wurde im Vorschiff ein Bugstrahlruder und am Heck ein Aktivruder installiert. Die markantesten Teile eines Kabellegers sind die großen Rollen am Bug und am Heck.

Das Legen längerer Kabelstrecken erfolgt immer über die Heckrolle, bei Kabelreparaturen oder beim Legen von kurzen Landenden wird die Bugrolle benutzt. Darüberhinaus gibt es eine ganze Menge Spezialausrüstung, beginnend im Laderaum über die großen Rückhaltewinden, Meßeinrichtungen für die Länge der Kabel und weitere Einrichtungen für elektrische Messungen usw. usw.

Aber nun zum Bau des Modells. Als Maßstab wählte ich 1:100. Da es ein Ausstellungsstück werden sollte, brauchte ich kein Innenleben einzuplanen. Im Schichtbau habe ich dann den Rumpf erstellt. Aus Gewichtsgründen wurden die Schichten aus Abachi-Holz großzügig ausgeschnitten, das Ganze nach dem Verleimen und Formen mit Polyester überzogen.

Beim Rumpfbau waren die beiden Rollen am Bug und Heck die schwierigen Positionen.

Die Aufbauten sind vergleichbar mit denen eines Frachters und machten keine Schwierigkeiten. Zur Spezialeinrichtung gehörten zwei Bojengerüste auf dem Vorschiff, diverse Winden und der Kabelkanal, der sich über das ganze Schiff erstreckte.

Ein paar Wochen bevor das Modell fertig wurde, hörte ich, daß das Originalschiff an ein amerikanisches Unternehmen verkauft werden sollte. Was jetzt? Ist mein Modell deshalb für die Firma wertvoller oder vielleicht sogar wertlos geworden, diese beiden Fragen stellte ich mir.

Mittlerweile war auch durchgesickert, daß es um das Originalschiff wegen Nichtauslastung unerfreuliche Auseinandersetzungen gegeben hatte. Eines Tages riskierte ich, mein Angebot unserem Betriebsleiter vorzutragen, der mir versprach, es an die Direktion weiterzuleiten.

Ich wurde ein paar Tage später zum Direktor bestellt. Er war, wenn es um Mitarbeiterbelange ging, ein freundlicher und aufgeschlossener Mensch, das war bekannt. Ich zeigte ihm ein paar Fotos von dem Modell, die er sich aber nur oberflächlich ansah. Daraufhin sagte er mir ziemlich deutlich, daß er zwar Mitleid mit mir habe, weil ich soviel Freizeit und Geld investiert hätte, er aber habe soviel Ärger mit dem Schiff gehabt, daß er ein Modell davon nicht mehr sehen wolle, geschweige denn kaufen. Das war für mich zunächst mal ein Hammer. Aber jetzt kamen die vorhergenannten Qualitäten dieses Mannes zum Tragen. Er versprach mir, wenn in nächster Zeit der Direktor der amerikanischen Firma käme, würde er mit ihm sprechen und das Modell anbieten. Ich sollte mal die Fotos hier lassen und etwas Geduld aufbringen. Mir blieb ja auch nichts anderes übrig, als zu warten.

Im Kollegenkreis war mittlerweile bekannt geworden, daß ich mich mit dem Modell wahrscheinlich verspekuliert hatte. So ist es auch vielleicht zu verstehen, daß ich am 1. April von einer Kollegin im Büro mitgeteilt bekam, ich sollte nach Hause fahren, das Modell holen und weiteren Bescheid abwarten. Ich bedankte mich, dachte aber, rutsch mir mal den Buckel runter, denn es war ja der „1. April".

Etwa eine Stunde später mußte ich zum Telefon kommen und wurde von meinem Chef gefragt, ob ich das Modell geholt hätte, der Repräsentant der amerikanischen Firma wäre da, er möchte es sehen. Nach einer kurzen Erklärung von mir bekam ich einen Rüffel. Denn er mußte jetzt um einen zeitlichen Aufschub bitten. Ich fuhr schnell nach Hause. Um das 150 cm lange Schiff überhaupt einladen zu können, mußte ich mein damaliges Auto, einen „Lloyd Alexander T.S.", erst noch umbauen.

Wiederum eine Stunde später war es dann soweit. Ich stand den beiden Herren mit meinem Modell gegenüber. Was mich bei meinem Auftritt besonders freute war, daß unser Direktor sich jetzt begeistert zeigte, trotz der bekannten Vorgeschichte.

Die Herren unterhielten sich in englisch. Wenn ich auch bei weitem nicht alles verstehen konnte, ich konnte Positives für mich erkennen. So kam schließlich auch die alles entscheidende Frage an mich, was es kosten solle. Ich sagte, daß ich mich vorher kundig gemacht hätte, ein solches Modell von einer Modellwerkstatt gebaut würde ca. 9000,- DM kosten, da ich aber Bastler wäre, würde ich um 5000,- DM bitten.

Spontan bekam ich eine Zusage. Nun sollte ich aber dafür sorgen, daß es ordentlich verpackt und versandfertig gemacht würde. Es muß mein dämliches Gesicht gewesen sein, das die beiden Herren veranlaßte, nochmals zu überlegen. Dann konnte eine Werkstatt im Hause diese Arbeit übernehmen. Ich sollte mich aber mit darum kümmern. Verpackungs- und Versandkosten übernahm der „Onkel aus Amerika".

Das Modell mußte noch in unser Foto-Atelier, es wurden eine Reihe Aufnahmen gemacht, dann wurde es verpackt.

Nachdem ich nun wußte, wo das Modell hingehen sollte, hatte ich ein bißchen Bammel wegen des Transports. Es wurde eine Kiste angefertigt, das Modell von unten und seitlich mit Luftsäckchen festgelegt, mit dem Deckel wurden zwei Stützen eingebracht, die auf das Deck drückten, alles fein gepolstert. Nun wurde eine zweite, größere Holzkiste gebaut, da kam die kleinere rein, rundum ebenfalls mit den Luftsäckchen ausgeschlagen, sodaß die kostbare Fracht auf Luftpolstern ruhte. Man war einhellig der Meinung, es kann nur schief gehen, wenn das Flugzeug abstürzt.

Alles weitere wurde nun von unserer Versandabteilung übernommen. Nachdem vier Wochen vergangen waren, hatte ich das erste Jucken in der Innenhand. Es kam aber weder eine Bestätigung über die Ankunft der Fracht, noch eine Überweisung. Als weitere drei Wochen vergangen waren und sich noch nichts bewegte, wurde eine Anfrage über den Verbleib der Sendung losgelassen.

Daraufhin kam die Meldung, das Modell sei beim Transport beschädigt worden und es würde überlegt, wie der Schaden zu beheben sei. Es wurde unter anderem in Erwägung gezogen, daß ich zur Reparatur dorthin reisen sollte. Man berichtete, der vordere Aufbau hätte sich gelöst und die Decksaufbauten abgerissen und beschädigt. Aus diesem Grunde wäre es daher besser, wenn das Modell zurückkäme und ich es hier instand setzen könnte.

Als es endlich wieder angekommen war, stellte sich heraus, daß die Beschädigungen weitaus geringer waren als befürchtet. Da ich beim Bau des Modells nicht ahnen konnte, welche Torturen das Schiff in Sachen Transport über sich ergehen lassen mußte, hatte ich den Aufbau einfach ohne zu verstiften aufgeleimt. Das war nicht solide genug. Wir nahmen an, daß sich durch einen kurzen harten Schlag der Aufbau abgelöst hatte und dann in der Kiste hin und her rutschte, dabei dann einige Teile in Mitleidenschaft gezogen hat.

In relativ kurzer Zeit hatte ich den Schaden behoben und um nicht unnötig hohe Kosten zu verursachen, habe ich die Rechnung klein gehalten. Das war ein Riesenfehler. Denn die Transportversicherung, die auch dafür plädiert hatte, zur Reparatur über den großen Teich zu fliegen, lehnte die Kosten für das Hin und Her rundweg ab. Es gab jedenfalls ein großes Theater. Dieses Schiff hatte nunmal in unserem Hause den Ruf, ein Problemkind zu sein, das übertrug sich scheinbar auch auf's Modell! Ich möchte auch nicht mehr dazu schreiben. Die Leser dieser Zeilen mögen sich jeder seinen eigenen Reim darauf machen.

Die Verpackung des Modells wurde perfekt wie beim ersten Mal vorgenommen. Ich wurde beauftragt, den Transport bis in das Flugzeug zu begleiten. Wir fuhren zum Flughafen Köln – Wahn, nicht wie zur ersten Fahrt mit einem schweren Lastwagen, sondern mit einem besser gefederten Fahrzeug. Es war anzunehmen, daß der Schaden schon auf dem Antransport entstanden sein könnte.

Am Flughafen angekommen, waren die Leute von der Versicherung ebenfalls schon aktiv und die Kiste wurde wie ein rohes Ei behandelt. Bis zum Flugzeug wurde ein Plateauwagen benutzt, dort angekommen, wurde die Kiste so auf eine Ecke des Wagens gezogen, daß ein Stapler sie aufnehmen konnte. Es mag wohl ein guter Fahrer gewesen sein, aber die Höhe der Zinken hatte er nicht im Blickfeld, denn er donnerte schon bei der Anfahrt heftig gegen den Plateauwagen, die Kiste drohte umzukippen. Nur die Tatsache, daß ich hautnah dabei war – wie mir befohlen – hat das nächste Unglück verhindert.

Die anderen Anwesenden schauten sich gegenseitig nur an und atmeten einmal tief durch, besonders der Herr von der Versicherung. Der Letzte Schritt, das Verladen, wurde nun auch vollzogen und nachdem das Sicherheitsnetz in der Transportmaschine festgezurrt war, konnte ich nur noch Hals- und Beinbruch wünschen.

Zwei Wochen später kam die Meldung, alles ok. – und sofort hatte ich wieder das bekannte Jucken in der Innenhand, dieses Mal aber mit Erfolg.

Als aufmerksamer Leser werden Sie sich erinnern, daß ich ein Modell eines Kabellegers erwähnt habe, welches als Schnittmodell in der Firmendirektion ausgestellt ist. Es stand in einer Vitrine und war bis dahin auch in recht gutem Zustand, bis es von der Bundespost ausgeliehen wurde und für ein Jahr auf die damalige Verkehrsausstellung nach München ging.

Was danach zurückkam, war ein Trümmerhaufen. Eine ganze Reihe Teile fehlten und wenn es wieder aufgestellt werden sollte, mußte es überarbeitet werden. Man erinnerte sich meiner und schon hatte ich wieder einen neuen Auftrag. Ich habe zunächst einmal alles, was noch auf Deck war, abgetakelt und ein neues Leistendeck gelegt. Vieles mußte neu angefertigt werden und vom Kiel bis zur Mastspitze habe ich alles neu lackiert. Nach dem Stapellauf von meiner Modellwerft war es jedenfalls wieder ein ansehenswertes Objekt.

Da im Laufe der Zeit die Aktivitäten im Seekabelgeschäft von Köln-Mühlheim nach Nordenham zu den dortigen Land- und Seekabelwerken verlagert wurden, zog auch das Modell dorthin um.

Wettbewerbserfolge

Nach dieser Rückschau wieder in die Wirklichkeit des Jahres 1978 mit gleich zwei Bundesmeisterschaften. Beide Wettbewerbe waren zeitversetzt in Hannover. Der erste Termin war vom 23. 6. – 25. 6. 1978 bei den „Hannover-Misburgische Schiffsmodellbauer e.V.". Ich hatte mit dem Tonnenleger in der Klasse C.2. gemeldet. Bei der Bauwertung erreichte ich 94,0 Punkte. Damit lag ich in der Leistungsstufe 1, das ist eine Goldmedaille. Das war gleichzeitig die Qualifikation für die Europäische Leistungsschau in Cannes/Frankreich im September 1978.

Daraus können Sie schon ersehen, wo uns der übernächste Reisebericht hinführen wird. Aber zunächst galt es noch eine wichtige Schlacht zu schlagen. Das war dann die zweite Fahrt nach Hannover, dieses Mal aber zum „Schiffsmodellbau-Club Hannover e.V.". Die Meisterschaft der Fahrklassen wurde am Springhorstsee bei Großburgwedel am 9. + 10.9.1978 ausgetragen.

Der erste Einsatz im Juni in Hannover fand im Saale statt, sprich im Zelt und man brauchte nicht zum Himmel zu sehen. Dafür lag nun dieser zweite Termin leider in einer Schlechtwetterperiode, wie so oft, wenn es um Wettbewerbe auf dem Wasser geht. Wir alle, ganz besonders der ausrichtende Verein, wurden wegen des schlechten Wetters in Verbindung mit einer außergewöhnlich großen Beteiligung in allen Klassen (248

Starts in zwei Tagen) vor große Probleme gestellt. Mit dem ersten Teil des Wettbewerbs, der Bauwertung, war ich mehr als zufrieden, denn ich hatte mit 94,33 Punkten die höchste Wertung aller Klassen erreicht. Es waren immerhin 56 Modelle, die für eine Bauwertung in Frage kamen.

Aber Sie erinnern sich sicher noch, einer solchen Situation stand ich schon einmal gegenüber, nämlich 1977 in Kiew. Dort erhielt ich auch die höchste Wertung und konnte nicht viel damit anfangen. Im Gegensatz zu damals hatte ich es hier mit 21 Konkurrenten in der Klasse F2b zu tun, ein selten starkes Teilnehmerfeld.

Dabei war eine ganze Reihe sicherer 100 Punkte-Fahrer darauf aus, mich vom ersten Platz zu verdrängen. Unter anderem so Namen wie Werner Lehmann, Hans Spörk, Jürgen Mierau oder Horst Staiger, der sogar ein Heimspiel hatte, denn er gehörte zum austragenden Club. Beim ersten Lauf waren schon schlechte Voraussetzungen. Durch sehr starken Wind wurde manche Hoffnung weggeweht. So hatte nach dem ersten Tag mein Clubkollege Hans Spörk die Nase vorn. Aber nach Wind kommt meist Regen, so war es auch am nächsten Tag, es goß in Strömen. Während des zweiten Laufes konnte man nicht wie üblich erfahren, wie die Konkurrenten gefahren hatten. Jeder verweilte wegen des schlimmen Regens im Zelt und wartet nur auf seinen Aufruf. Nach dem Fahren hat jeder auch schnell wieder das Trockene aufgesucht.

Einige meiner Freunde warteten schon darauf, daß ich meinem Ruf als „Schön-Wetter-Fahrer" treu bleiben und auf den Start verzichten würde. Ich weiß heute noch ganz genau, daß der eine oder andere mir sogar sagte, ein solches Modell wäre doch zu schade, um bei diesem Wetter eingesetzt zu werden! Auch meine Frau war der Meinung, ich solle im Trokkenen bleiben. Aber alle die „gut gemeinten Ratschläge" haben mich nur stimuliert, (außer dem von meiner Frau, denn der war ehrlich gemeint).

Ich ging zum Start, bedingt durch das Sch...wetter fuhr ich vollkonzentriert und daher fehlerfrei. Von meinen 21 Konkurrenten war nur noch einer 100 Punkte gefahren, er lag aber in der Bauwertung weiter zurück, somit hatte ich die höchste Punktzahl und war Bundesmeister. Hans Spörk konnte nur einen Tag „Bundesmeister" sein und mußte mit dem zweiten Platz vorlieb nehmen. Den dritten Platz belegte Werner Lehmann. Die beiden waren dann auch meine Weggefährten bei der ersten Weltmeisterschaft 1979 in Duisburg.

Nach Beendigung der Fahrt sah mein Modell aus, als wäre es total unter Wasser gewesen. Aber nach diesem

Die Modellpflege übernimmt immer meine Frau

Urkunde

Deutsche Vereinigung für Schiffsmodellbau und Schiffsmodellsport e. V.

Helmut Thomas
beteiligte sich mit dem Schiffsmodell
Tonnenleger Treplin
an der
DEUTSCHEN BUNDESMEISTERSCHAFT
und errang in der Klasse F2-B mit 194,33 Pkt
den 1. Platz
Deutscher Bundesmeister
Ausgestellt: 10. Sept 1978

Der Preis, eine stattliche Kristall-Vase mit Inschrift und einer stilisierten Schiffsschraube, war für die beste Bauwertung bei dieser Meisterschaft. Durch diese Plazierung stand ich für die erste Weltmeisterschaft in Duisburg 1979 als Teilnehmer für die Klasse F2b fest.

Nach einem kurzen Luftholen von diesem Geschehen stand der nächste Termin an, es handelte sich dieses Mal um die Europäische Leistungsschau der C. Klassen vom 16. – 24.9.1978 in Cannes/Frankreich.

Man könnte fast der Meinung sein, daß durch die Aneinanderreihung der Erlebnisberichte mein ganzes Tun nur aus Wettbewerben bestehen würde, aber dem ist nicht so.

So waren es in 1978 diese beiden Termine, mit zwei Wochenenden und der Trip nach Cannes = 15 Tage Urlaub. Sie sehen, es bleibt noch eine stattliche Anzahl Tage, die ich meiner Hauptbeschäftigung nachgehen konnte. Eine unerläßliche Tatsache, um auch Ausflüge in solch exclusive Gegenden finanzieren zu können. Denn im Gegensatz zu Teilnehmern aus dem Ostblock haben wir von unserem Verband keine finanzielle Unterstützung zu erwarten. Ich hatte ja schon einmal deutlich gemacht, daß wir einen relativ geringen Beitrag für unseren Dachverband bezahlen, daher wird für die Teilnehmer nur die Startgebühr in Höhe von sechs Dollar bei internationalen Meisterschaften übernommen.

Erfolg brauchte ich es selbst noch nicht mal zu trocknen und zu säubern. Das besorgte alles meine Frau, toll was!

Bei der im großen Festzelt stattfindenden Siegerehrung wurden dann 21 neue Deutsche Meister der verschiedenen Klassen vorgestellt. Darüberhinaus bekam ich noch einen Ehrenpreis der Landeshauptstadt Hannover, der mir vom Schirmherrn der Veranstaltung, dem damaligen Bundesminister Egon Franke, überreicht wurde.

Die Reise nach Frankreich

Nun aber zur bevorstehenden Reise. Wenn man durch die Vorinformationen und die Reiseplanungen weiß, daß es zur Cote d'Azur geht, dabei noch in die Festspielstadt Cannes, wenn dann die Präsentation der Modelle auch noch in dem weltbekannten Festspielpalast stattfindet, ist das doch eine Voraussetzung, die einiges erhoffen läßt.

Im Gegensatz zu den vorhergehenden Ausflügen hatte sich unsere Gruppe nun um die Familie Oppenländer erweitert. Eine zweite Veränderung war, daß Friedel Heßmer nicht mehr als Zuschauer mitfuhr, denn er war vom Präsidium des „nauticus" als Mannschaftsbetreuer bestellt worden. Wie allgemein bekannt, ist Cannes ein teures Pflaster. Daher hatten wir uns acht Kilometer weiter in Juan les Pins ein Ferienhaus gemietet. Villa „La Madona" hieß das schöne Haus, das wir uns ausgesucht hatten. Im Nachhinein kann man sagen, das war eine feine Sache.

Die Reise dorthin hatten wir in zwei Etappen eingeteilt. Der erste Tag brachte uns bis Valence, 80 km südlich von Lyon. Den Rest des Weges konnten wir tags darauf gemütlich zurücklegen, allerdings machte uns die Fahrt durch Cannes die Verkehrssituation für die bevorstehenden Tage schonungslos deutlich.

Nachdem wir die Villa gefunden und für die nächsten 15 Tage besetzt hatten, konnten wir uns dem Wettbewerb widmen.

133 Modelle hatten in einem großen Saal Aufstellung gefunden. Bei der Eröffnungsfeier am Sonntagmorgen konnte der Präsident der „Naviga" Maurice Franck / Belgien die Mannschaften aus acht Nationen begrüßen.

Die „Naviga" ist der Weltverband der Schiffsmodellbauer und umfaßt 25 Landesdachverbände.

Das herrliche Wetter veranlaßte den Ausrichter „Miniflotte" – Frankreich, die Feier auf der Terrasse des Festspielhauses abzuhalten. Also jene Stelle, wo sich einmal im Jahr ein Stelldichein gibt, was Rang und Namen hat im Filmgeschehen. Das wir Modellbastler nun auch dort stehen durften, war schon ein schönes Gefühl. So konnte man, nachdem die Cocktailparty beendet war, diesen ersten Programmpunkt als besonders eindrucksvoll bezeichnen.

Auf der Terrasse des Festspielhauses

Am Montag begannen die Bauwerter mit ihrer Arbeit. Alles war gespannt, wie die Ergebnisse diesmal aussehen würden. Es hatten sich wieder einige neue Gesichter und neue Modelle eingefunden. Das macht die Sache dann umso interessanter. Bei den alten Hasen beginnt dann das Abchecken, ob das eine oder andere Modell davon eventuell die eigenen Objekte in der Wertung übertreffen könnte.

Es ist auch erstaunlich, wie sich vom einen zum anderen Wettbewerb durch neu hinzukommende Modelle eine langsame, aber stetige Niveausteigerung vollzieht. Um die Spannung etwas aufzulockern, war für Mittwoch eine Busfahrt nach Monte-Carlo und Monaco eingeplant. Die Hinfahrt endete in Monte-Carlo und zu Fuß ging es zum Fürstensitz der „Grimaldis". Die Schloßbesichtigung mit der Wachablösung war der erste Programmpunkt.

Als Nächstes besuchten wir das Ozeanographische Museum, eine, wie ich meine, lehrreiche Sache. Nachdem wir dann noch ein paar schöne Aussichtsplätze in Augenschein genommen hatten, die Damen haben sich natürlich die dortigen Geschäfte angesehen, ging es wieder per Pedes zurück.

Als aufmerksamer Beobachter maritimer Geschehnisse hatte ich von Monaco aus im Hafen von Monte-Carlo ein Schiff liegen sehen, das mußte dem Aussehen nach die „Calypso" sein. Auf dem Weg zurück bestätigte sich meine Vermutung. Daraufhin haben mein Neffe Ottmar Lindenblatt und ich uns von der Gruppe getrennt. Wir sind losgelaufen, um die Gelegenheit wahrzunehmen, das bekannte Schiff aus der Nähe zu sehen.

Dort angekommen, waren wir beide enttäuscht. Einmal, daß es ein so kleines Schiff war, zum zweiten aber über den gesamten Eindruck. Das ganze Schiff sah regelrecht verkommen aus. Auf jeden Fall wesentlich schlechter als wir es vom Fernsehen her in Erinnerung hatten.

Anschließend machten wir eine Rundfahrt durch Monte-Carlo und dann ging es zum gemeinsamen Mittagessen.

Waren wir am frühen Morgen ankommend die Küstenstraße entlang gefahren, vorbei an Antibes mit dem Yachthafen und weiter über die berühmte Uferstraße von Nizza mit herrlichen Eindrücken von der dortigen Landschaft bis Monte-Carlo, so sollte die Rückfahrt durch das Gebirge führen, mit einem Besuch im Künstlerdorf Eze-Village. Als Kleinod in den Felsen, so könnte man diesen Ort beschreiben, denn dort sind die Behausungen und Geschäfte regelrecht in die Felsen gehauen. Darüberhinaus hatte man von dort oben eine tolle Aussicht. Auf der Rückfahrt erlebten wir noch, wie in der Bucht von Villefranche Löschflugzeuge während des Fluges Wasser aufnahmen, um damit in den Bergen einen Waldbrand zu löschen.

So konnte man auch diesen zweiten organisierten Programmpunkt mit der Note „vortrefflich" bezeichnen und abhaken.

Monte-Carlo

Im Künstlerdorf Eze-Village

Inzwischen war es schon gang und gäbe, daß wir uns abends im Garten der „Villa Madona" in einer herrlichen Laube zum Abendessen zusammensetzen und anschließend solange bei französischem Rotwein „klönten", bis wir die nötige Bettschwere hatten. Das warme Wetter ließ es zu, daß es hin und wieder sehr spät wurde.

Für die nächsten beiden Tage stand die Wertung der Modelle wieder im Vordergrund. Für diese Umgebung, verbunden mit dem schönen Badewetter, war es fast schon als Strafe anzusehen, wenn man bei der Wertung dabei sein mußte.

Trotz der knappen Anwesenheit in der Ausstellung möchte ich aber nicht versäumen, über ein Modell zu berichten, an dem ich mich nicht satt sehen konnte. Es war in der Klasse C3 das Teil-Modell der „Royal Sovereign" von Artur Molle vom Liege Marine Club/Belgien. Die Darstellung beinhaltete das letzte Drittel von dem mit reichen Verzierungen versehenen Schiff. Die Schnitzereien sind von einer einmaligen Präzision. Wenn man bedenkt, daß die Figuren und Verzierungen wiederholt erscheinen, sich aber perfekt in Maßstab und Sauberkeit präsentieren, dann bin ich der Meinung, daß nur angeborenes Talent, aber wiederum gepaart mit Ausdauer und dem benötigten

Teilmodell der ROYAL SOVEREIGN von Artur Molle

Wissen über Material und Arbeitstechnik, zu solch einer Meisterleistung führen kann. Seine Arbeit wurde jedenfalls mit einer Goldmedaille belohnt. Man durfte gespannt sein, wie sich das Modell in den nächsten Jahren weiter entwickeln würde.

Die Arbeit der Jury war mittlerweile beendet. Der Terminplan sagte die offene Wertung an. Spätestens zu diesem Zeitpunkt waren sämtliche Vergnügungen abgeschlossen und alles war an Bord.

Nachdem die Juroren am Tisch Platz genommen hatten, waren natürlich alle acht Teilnehmer der Bundesrepublik, die mit ihren dreizehn Modellen teilgenommen hatten, auf ihr Abschneiden gespannt.

Als wir diesen Akt hinter uns gebracht hatten, war für die abendliche Feier in der Laube ausreichend Grund vorhanden:

Theo Oppenländer und Ottmar Lindenblatt hatten jeder eine Bronzemedaille errungen und ich konnte mit 91,0 Punkten die Leistungsstufe 1 = Goldmedaille verbuchen.

Das Ergebnis für unsere Mannschaft war ebenfalls sehr gut, hatten wir doch fünf Goldmedaillen gewinnen können. In diesem Zusammenhang möchte ich einmal einen sogenannten „Medaillenspiegel" aufzeigen, der in der Ausgabe 11-12, 1978 der „nauticus" Mitteilungen veröffentlicht wurde.

Ich tue das deshalb, um auf das Abschneiden der Bulgarischen Mannschaft bei dieser 11. Europäischen Leistungsschau hinzuweisen. Denn bei dem vorausgegangenen Wettbewerb 1976 in Como fühlten sie sich ja sehr benachteiligt.

Teilnehmer	Modelle	Gold	Silber	Bronze
Bulgarien	22	5	9	6
Bundesrepublik	13	5	1	4
DDR	27	4	10	12
Italien	15	4	8	3
Polen	15	4	6	3
Frankreich	24	2	6	9
Belgien	5	1	2	–
CSSR	12	–	7	3

Diese Aufstellung ist ein klarer Hinweis auf die Qualität, die Bulgarische Modellbauer immer auszeichnet.

Der nächste Programmpunkt und gleichzeitig der Veranstaltungs-Abschluß sollte die Siegerehrung am Sonnabend nachmittag werden.

Wo anders als auf der so hochgelobten Terrasse konnte die Schlußfeier stattfinden. Nachdem die Medaillen verteilt waren, gab es zusätzlich noch Pokale, einmal für die Punktbesten in den einzelnen Klassen, hier konnte Reinhard Tielsch für die höchste Wertung in der Klasse C2 für sein Modell „HAMONIA" einen dieser Pokale in Empfang nehmen.

Einen weiteren Pokal für das „schönste Schiff" erhielt Hans-Jürgen Mottschall. Sein Modell „VAN DER STEL" war dafür ausgewählt worden. Zu gu-

Die Bundesdeutsche Mannschaft in Cannes

Abschlußfeier vor einer traumhaften Kulisse

ter Letzt wurde unser Jüngster (aber nicht der Kleinste), Ottmar Lindenblatt, mit einem Pokal vom Minister für Kultur-Jugend und Sport als jüngster Teilnehmer der Veranstaltung geehrt.

Nachdem man dem französischen Verband „Miniflotte" und dem ausrichtenden Club Cannes mehrfach Dank und Anerkennung für diese so beispielhaft abgelaufene Veranstaltung ausgesprochen hatte, haben alle Anwesenden, wie konnte es auch anders sein, bei einer Champagner-Party die Tage an der Cote d Àzur ausklingen lassen. Mit der im Westen untergehenden Sonne wurde sich verabschiedet, um am nächsten Tag in alle Himmelsrichtungen auseinandergehend die Heimreise anzutreten.

Wir aber, die Bewohner der „Villa Madona", haben noch eine weitere Woche Urlaub dort verbracht, die mit dazu beigetragen hat, diese Zeit am Mittelmeer unvergessen zu machen.

Für einen aus unserer Reihe war die Veranstaltung in Cannes das letzte Auftreten in der Öffentlichkeit. Es war der Sportsfreund Hans-Georg Buchloh vom S.M.C. Duisburg. Er hatte auch den Bericht in den Mitteilungen 11 – 12/78 verfaßt, in dem er zum Schluß schrieb: Bis in zwei Jahren in Budweis! Das ausgerechnet er es sein sollte, der nicht mehr dabei sein konnte, das wollte von uns keiner wahrhaben, als wir hörten, daß er nach langer schwerer Krankheit im Juni 1980 verstorben war. Er war in der Gruppe der C.-Modellbauer ein fester Bestandteil, einmal als hervorragender Modellbauer und zum anderen wurde er in den letzten Jahren aufgrund seines hohen Wissensstandes, aber vor allem, weil er als untadeliger Sportsmann bekannt war, immer häufiger als Wertungsrichter für nationale und internationale Wettbewerbe berufen.

1. Weltmeisterschaft Duisburg-Wedau

Die erste Weltmeisterschaft

Im Titel dieses Buches heißt es unter anderem, vom Jugendtraum zur Weltmeisterschaft. Dieser weite Weg, den Sie als Leser bisher mit verfolgt haben, geht nun mit der ersten Weltmeisterschaft im Schiffsmodellsport seinem Höhepunkt entgegen. Unser Dachverband „nauticus" war mit der Ausrichtung dieses Wettbewerbs vom Weltverband der „Naviga" beauftragt worden. Die Regattabahn im Sportpark „Wedau" in Duisburg war der Austragungsort für diese Mammutveranstaltung.

Von unserem Wohnort bis zur Wedau waren es nur 60 km, deshalb haben wir dort kein Quartier bezogen und sind täglich nach Hause gefahren. Da wir trotz 25-jährigen Bestehens unseres Vereins in der Großstadt Köln kein Gewässer haben, das es uns erlaubt, auf Dauer einen Kurs auszulegen, fuhr ich mehrmals vor der Weltmeisterschaft zur Sechsseenplatte, dem Vereinsgewässer des S.M.C. Duisburg, dort lagen Bojen aus und man konnte den Kurs trainieren.

Aber um mit dem Wasser und der Umgebung vertraut zu werden, war ich auch einige Male auf der Regattabahn. Dort übte ich im Wesentlichen nur Anlegen und fuhr einige Runden. Bis die ersten Ruderer zum Training kamen, hatte ich mein Pensum bereits absolviert. Auch zu so früher Stunde am Sonntag war meine Frau immer als Starthelfer dabei. Für die Verantwortlichen des „nauticus", einer Reihe Leute aus der Gruppe West, nicht zuletzt für einige Mitglieder des S.M.C. Duisburg, wurde es eine unruhige Zeit bis zum Beginn der Veranstaltung.

Die ersten Zusammenkünfte des Organisations-Komitees waren bereits im zweiten Halbjahr 1978.

Bei einigen Terminen war ich auch

eingeladen, daher konnte ich miterleben, welch ein Aufwand erforderlich ist, alles in die richtigen Bahnen zu lenken. Das Unmöglichste wurde manches Mal von den Organisatoren verlangt. Nach diesen Einblicken war ich froh, nicht mithelfen zu müssen. Die Tatsache, aktiver Teilnehmer zu sein, hat mich vor der intensiven Mitarbeit in der Organisation bewahrt. Ein schönes Alibi, nicht wahr, aber nicht nur für mich. Weil ich vorher Einblick in das Geschehen hatte, sah ich auch keinen Grund, im Nachhinein über einige Dinge zu meckern, wie einige meinten, es tun zu müssen.

Gewiß, der Ablauf der Registrierung, die viele Stunden dauerte, war eine Zumutung. Aber waren jemals vorher bei einer Meisterschaft 500 Teilnehmer mit über 700 Booten, dazu ca. 300 Begleitpersonen angereist? Ganz klar: nein!

Was das Wetter für Probleme mit sich bringen kann, das konnte man 1985 bei der Weltmeisterschaft in Rotterdam auch wieder erleben. Die nachfolgenden Veranstalter haben es natürlich alle besser gemacht. Sie haben aus diesen Fehlern gelernt. Aber, sie hatten auch bei weitem weniger Teilnehmer als Duisburg, weil a. die Klasse F.S.R.V. nach 1979 eine separate Weltmeisterschaft austrägt und b. die Klassen A. + B. sowie E., H., K. und X. immer weniger werden.

Da der Termin ja schon so weit zurückliegt, bin ich vor der weiteren Berichterstattung nochmals auf die kritischen Dinge eingegangen, um nicht die für mich so erfolgreich verlaufene Weltmeisterschaft hinterher mit solchen Ausführungen zu verwässern. Unerwähnt lassen wollte und durfte ich es aber auch nicht, weil sonst die spitzen Federn der ständig in den Startlöchern sitzenden Kritiker aus diesem unserem Land schreibenderweise gefragt hätten, ob ich damals Scheuklappen getragen hätte. Nun aber genug der kritischen Worte und hin zu dem Geschehen auf der Regattabahn.

Freitag, 24. August 1979, die Eröffnung der ersten Weltmeisterschaft im Schiffsmodellsport war für 10 Uhr angesagt.

Der Sportpark zeigte sich wohlpräpariert und im bunten Flaggenschmuck. Die Funktionäre, Schiedsrichter und die Teilnehmer aus 24 Nationen nahmen hinter der Tribüne Aufstellung für den Einmarsch. Die "Spitze" des Zuges bildeten zwei Mitglieder der I.K.S. Köln, nämlich Jürgen Mierau mit der Fahne der "Naviga" und ich mit der Fahne des "nauticus", ausgerechnet wir beide konnten uns ein paar Tage später auch als erste Weltmeister in den Klassen F2a und F2b in die Siegerlisten eintragen.

Eine Bergmannskapelle aus Duisburg-Hamborn begleitete die Einmarschierenden mit flotter Blasmusik und 1500 Zuschauer auf der Tribüne verfolgten beifallspendend den Beginn der Mini-Olympiade. Mit besonderem Applaus bedacht wurde das Team aus Australien, bestehend aus zwei Personen, nämlich David und Gregory Leigh, Vater und Sohn. Zu einer Steigerung der Begeisterung kam es, als der einzige Teilnehmer aus Brasilien, selbst seine Fahne tragend, Einzug hielt. Es war der Teilnehmer Catelan Passanante, ein V-Boot-Fahrer, der in der Klasse F1V startete.

Ich glaube, diese wohl größten Idealisten des Modellsports bei dieser Weltmeisterschaft sind es wert, daß man sie namentlich erwähnt. Kamen sie doch von soweit her, daß sich die Entfernungen, die wir im Europäischen Raum zurücklegen, wie Spaziergänge ausnehmen.

Nachdem die Mannschaften und alle mit Rang und Namen Aufstellung genommen hatten, konnte die Eröffnungszeremonie ablaufen. Einen recht unfreundlichen Gruß schickte uns währenddessen der Wettergott "Petrus", es regnete in Strömen. Auch

Die Fahnenträger unserer Mannschaft: Jürgen Mierau und ich

Eröffnungszeremonie, mit beredten Worten moderiert Helmut Krahé

in den folgenden Tagen sollte er noch öfter von sich Reden machen.

Alle Beteiligten, die nicht unter das Tribünendach flüchten konnten, wurden völlig durchnäßt. Nachdem die Schiedsrichter und Teilnehmer auf faires Verhalten beim bevorstehenden Wettkampf vereidigt waren, wurden einige kurze Ansprachen gehalten und die Naviga-Fahne gehißt. Daraufhin erklärte der Sportausschuß-Vorsitzende des Landtages von Nordrhein-Westfalen, Herr Richard Winkels, die erste Weltmeisterschaft für eröffnet.

Zum Abschluß der Eröffnungsfeier und als Übergang zum Wettbewerb fuhr eine Formation von vier FSR 35 Booten, geschmückt mit den Fahnen der Bundesrepublik, Nordrhein-Westfalens, der Naviga und des nauticus einige Runden auf dem Wasser. Gesteuert wurden die Boote von Mitgliedern der I.K.S. Köln. Diese schöne Einlage wurde von den Zuschauern mit viel Beifall bedacht.

Unmittelbar nach den Eröffnungsfeierlichkeiten begannen an verschiedenen Startstellen die Wettkämpfe. Für einige Teilnehmer bedeutete es, umgehend die nassen marineblauen Clubjacken mit dem Ostfriesennerz in gelb zu vertauschen und sich zur Startstelle für den ersten Lauf in der Klasse FSR 35 zu begeben.

Mit von der Partie war mein Clubkollege Manfred Thyen, der in der Vergangenheit schon viele große Erfolge in den F5-Klassen (Modellsegeln) errungen hat. In diesem FSR 35-Metier war er noch relativ neu, aber wer ihn kennt, weiß, daß er keine halben Sachen macht, bei allem was er anfängt.

So war es für Insider auch nicht erstaunlich, daß er in diesem ersten Lauf bereits 52 Runden erreichte, die nach Ablauf der Disziplin für einen zweiten Platz in der Gesamtwertung ausreichten.

Tausende von Zuschauern säumten das Ufer

Startvorbereitung für FSR-Rennen, Manfred Thyen und Gerfried Keil

Jürgen Klawitter aus Hamburg wurde mit 58 Runden Weltmeister. Eine geschickte Terminplanung sorgte dafür, daß am bevorstehenden Wochenende die Zuschauer attraktive Wettbewerbe zu sehen bekamen. Obwohl eine Woche vorher an gleicher Stelle eine ungleich zugkräftigere Veranstaltung, nämlich die Kanuweltmeisterschaft, ausgetragen wurde, kam das weithin als sportfreudig bekannte Duisburger Publikum auch zu unseren Vorführungen wieder in Scharen.

Bei den FSR Rennen kam es häufig zu spontanen Beifallsbekundungen, wenn sich Spektakuläres auf dem Wasser abspielte. Eine Erscheinung, die für uns alle erstaunlich war.

Der Höhepunkt am Sonntag war die Schau der Klasse F6 (Funktionsmodelle mit Mannschaftsmanövern). 12 Mannschaften hatten dafür gemeldet. Die hervorragenden Leistungen wurden von den Zuschauern auf der überfüllten Tribüne immer wieder mit Beifall bedacht. Man sprach von 30000 Zuschauern, die am Sonntag den Wettbewerben zusahen. Es war eine tolle Atmosphäre.

Wenn das Fernsehen baden geht

Weil bei diesen Vorführungen das anwesende Fernsehen modellgerechte Perspektiven liefern wollte, wurde auf das Rennboot-Modell des Clubkollegen Werner Zimmer eine Kamera aufgebaut.

Obwohl es bei der Christlichen Seefahrt sicher eine ganze Menge Möglichkeiten gibt, um Manöver in der Klasse F6 zu demonstrieren, waren damals, bis auf das Team Rastatt, alle auf militärische Operationen programmiert. Das hat dann auch die Fernsehkamera zu spüren bekommen. Bei einem Seegefecht der Mannschaft Italien 1 bekam sie einen satten Volltreffer und war demoliert.

Das aufmerksame Publikum hatte das natürlich registriert. Der dann aufkommende Beifall war vergleichbar mit dem eines großen Fußballstadions, wenn ein Tor fällt.

Die Filmkamera des Fernsehens auf einem Boot montiert, kurz darauf entbrannte direkt um sie ein heißes Seegefecht.

Auf der gegenüberliegenden Seite der Tribüne waren die neuen Bootshallen leergeräumt worden und sollten zu einer ständigen Ausstellung aller an der Meisterschaft teilnehmenden Modelle werden. Platz war genügend vorhanden, aber leider waren die Teilnehmer nicht gewillt, ihre kostbaren Objekte zur Schau zu stellen. Einmal aus Angst, daß es durch unvorsichtige Zuschauer zu Beschädigungen kommen könnte und zum anderen verschmutzten die Modelle in den Bootshallen sehr stark. Deshalb verblieben die meisten Modelle in den Transportkisten.

Nachdem der Ausrichter vorstellig wurde und bat, im Interesse der Zuschauer doch großzügiger zu sein, holten die Teilnehmer ihre Heiligtümer aus den Kisten und präsentierten sie der Öffentlichkeit. Eine solche Konzentration von hervorragenden Schiffsmodellen gibt es ja auch nicht alle Tage zu sehen. So ist es zu verstehen, daß viele Zuschauer mehrmals kamen, da es immer wieder etwas Neues zu entdecken gab.

Nerven kostet jeder Wettbewerb

Während der Aktivitäten auf dem Wasser hatten zwei Gruppen fleißiger Wertungsrichter die Modelle, die sich einer Bauwertung stellen mußten, bereits begutachtet, und die veröffentlichten Ergebnisse sorgten schon für Diskussionsstoff. Vor allem war es ja interessant, aus welcher Position man in den Fahrwettbewerb gehen konnte.

92 Baupunkte wurden mir für den Tonnenleger gutgeschrieben, damit lag ich zunächst an vierter Stelle, eine gute Ausgangsbasis also, bei insgesamt 16 Konkurrenten. Das hieß aber für mich, daß bestmögliche Ergebnis beim Fahren herausholen zu müssen und die vor mir liegenden mußten möglichst viele Fahrfehler machen.

"Wunschträume eines F2-Teilnehmers vor jedem Wettbewerb".

Der Favorit in dieser Disziplin war ganz klar, Arnold Pfeifer, DDR, für mich kein unbekannter, denn damals in der UDSSR hat er mir schon gezeigt, wo es lang geht. Ebenfalls als ständiger Konkurrent, besonders im nationalen Bereich und jetzt mit 94 Punkten an zweiter Stelle liegend, Werner Lehmann aus Essen. Er gab sich dann auch sehr zuversichtlich und siegessicher. Das konnte er auch, denn als bekannt guter Steuermann hat er schon viel von sich Reden gemacht.

Der drittplazierte (wohlgemerkt immer nur nach der Bauwertung) war David Brown aus Großbritannien. Ihn konnte man nicht genau einordnen, er war neu im internationalen Geschehen.

Der Nächste, der sich mit 91 Punkten präsentierte, war der Pole Laczynski. Auch er war in der Lage, bei der Vergabe der ersten Plätze noch ein Wörtchen mitzureden.

Um die Vorstellung meiner stärksten Konkurrenten abzuschließen, war da ja auch noch „Hänschen Spörk" — dabei als bekannt voraussetzen möchte ich, daß wir beide für die I.K.S. Köln starten und gute Freunde sind.

Bei der Bauwertung hatte er mit seinem Modell, dem Zerstörer Z 27, 90 Punkte erreicht. Mit diesem schnittigen Schiff und seinen perfekten Fahrkenntnissen ist er schon aus vielen Wettbewerben als Sieger hervorgegangen. Er war jedenfalls immer in der Spitzengruppe zu finden, daher konnte er auch hier in Duisburg eine dominierende Rolle spielen. Vor allem aber brannte er darauf, mich endlich einmal zu putzen — wie er zu sagen pflegte, denn bei der vorausgegangenen Landes- und Bundesmeisterschaft hatte ich ihn jeweils knapp hinter mir gelassen. So, nun nach den Sandkastenspielchen endlich auf das Wasser. Am Sonntag, den 26.8.1979, 9 Uhr, war der erste Lauf für die Klasse F2b. Nachdem die 17 Mini-Kapitäne ihre Modelle wieder auf dem Trocknen hatten, war es keinem gelungen einen 100-Punkte-Lauf hinzulegen und das bei einwandfreiem ruhigen Wasser. Hans Spörk stand nach diesem Lauf an der Spitze.

Auch in der Klasse F2c mit 15 Teilnehmern hatte keiner fehlerfrei gefahren.

Bei den Freunden der kleineren Modelle F2a ergab sich nach der Bauwertung folgende Situation. Die höchste Punktzahl mit 94,33 hatte H.-J. Mottschall mit seinem Modell Stahleck. Er hatte es in der Hand, die Disziplin F2a zu gewinnen. Mein Vereinskollege Jürgen Mierau lag gar an siebenter Position mit 87,66 Punkten. Als diese Gruppe am Montag bei nicht ganz so guten Voraussetzungen (Wind war im Spiel) ihren ersten Lauf absolviert hatte, war als einziger Jürgen Mierau fehlerfrei gefahren und hatte nach dem Vorlauf die Spitze übernommen.

Es war noch alles offen. Der Donnerstag, 30. August, war nun zum Tag der Entscheidung für die vorbildgetreuen Klassen erklärt. Bis dahin war ständiges Tun und Treiben auf dem Wasser.

Einige meiner Mitbewerber in der Klasse F2b

1. Modell BADENSTEIN von Werner Lehmann, SMC Essen.

2. Schlepper INGA von Marcel Denies, Belgien

3. Luxus-Yacht von Pierre Binet, Frankreich. Er wurde 2x Europameister mit diesem Modell

4. Fährschiff POMMERANZE von Andrzej Laczynski, Polen

5. Zerstörer Z27 von Hans Spörk, IKS Köln.

6. Bodenseefähre eines Schweizer Modellbauers

7. Schlachtschiff NAPOLI von Arnold Pfeifer, DDR. Er erreichte die höchste Bauwertung.

81

2

3

4 ▼6

5 ▼7

Am Dienstag konnte der „nauticus" mit Klaus-Dieter Ripke in FSR 6,5 seinen ersten Weltmeister präsentieren.

Bei einem Empfang der Stadt Duisburg, der zu Ehren der teilnehmenden Nationen gegeben wurde, war K.-D. Ripke für die Gruppe der V-Bootfahrer und meine Wenigkeit für die der E-Bootfahrer von unserem Präsidenten Herrn Steiner als Mannschaftsvertreter eingeladen worden, um an diesem Empfang teilzunehmen.

Nach einem für uns geruhsamen Mittwoch folgte dann der Tag, an dem man selbst und das entsprechende Sportgerät topfit sein sollte. Mit anderen Einflüssen, die sich beim Wettkampf dann noch einstellen können, muß man dann versuchen fertig zu werden, z.B. dem Wetter!

An diesem 30. August trieb ein steifer Wind längs der 2,5 km langen Regattabahn und baute Wellen auf, die nicht im entferntesten modellgerecht waren.

Als erstes hatten die Junioren mit diesen Schwierigkeiten zu kämpfen. Von acht Teilnehmer fuhr nur Mathias Striegler, DDR, eine volle Wertung und holte sich damit den ersten Platz.

Bis zum Start der Klasse F2c um 10.30 h war es noch schlimmer geworden. Die langen Modelle hatten den Nachteil, daß sie die hohen Wellen durchschnitten und daher viel Wasser übernehmen mußten. Wenn ein Modell nicht ausreichend dicht war oder keinen entsprechend hohen Süllrand aufwies, dann mußte der Käpten aufgeben.

Unsere deutschen Teilnehmer, Erwin Frahling und Wolfgang Streese, kamen vollgepumpt mit Wasser chancenlos auf dem achten und elften Rang an. Günter Rudolph hatte dagegen keine Probleme mit dem Wasser, wurde aber vom Wind auf den neunten Rang geblasen. Ob solcher Schwierigkeiten wurde die Gruppe, der ich angehörte, immer unruhiger und man hoffte, daß bis zu unserem Startzeitpunkt um 15.30 h der Wind müde geworden sein würde.

Ob aus ihm wohl inzwischen ein Schiffsmodellbauer geworden ist?

Zu diesem Zeitpunkt war nur Werner Lehmann noch optimistisch, er verbreitete nämlich die Meinung, daß dieses Wetter für ihn und sein Schiff das Richtige wäre. Daraus prägte er den Spruch: „Das ist mein Wetter!" Den haben wir dann auch noch mehrmals zu hören bekommen.

Jürgen Mierau wird für den Start vorbereitet

Aber vorher mußten die Profis der Klasse F2a noch in das aufgewühlte Wasser. Im Gegensatz zu den großen Modellen nahmen sie weniger Wasser über, dafür aber wurden sie zum Spielball von Wind und Wellen. Wenn es auf dem Wasser beim Fahren noch leidlich klappte, beim Anlegen im Dock ließen sich aber spätestens die Fehler nicht mehr vermeiden. Nachdem sich für die ersten zwei Plätze auch nach dem zweiten Lauf keine Veränderungen ergaben, behielt Jürgen Mierau den ersten Platz. Eine große Überraschung für einige seiner Mitstreiter. Für uns aber kam Freude auf, war er doch als siebenter nach der Bauwertung gestartet, also sechs vor ihm liegende Konkurrenten hat er ausgeschaltet. Durch diese große Leistung war er der erste Weltmeister der Klasse F2a.

Ja, und was machte der eigentliche Favorit der Klasse, Jürgen Mottschall? Er hatte sich in beiden Läufen jedesmal 13 Fehler (in Worten: dreizehn) eingehandelt und mußte zu abendlicher Stunde, aber diesesmal bei guten Voraussetzungen, mit Günter Ebel, DDR, um den dritten Platz stechen. Auch dabei hatte er kein Glück, mit einem Punkt weniger mußte er auf der Rangliste den undankbaren vierten Platz einnehmen. Der einzige Trost für ihn war, daß er mit 94,33 Punkten das bestgebaute Modell in der Klasse besaß und das es in zwei Jahren wieder eine Weltmeisterschaft geben würde.

Durch die wetterbedingten Turbulenzen war auch der Zeitplan etwas verrutscht. Damit stieg gleichzeitig die Hoffnung, daß bis zum Beginn der nächsten Klasse der Wind weiter abflauen würde. Denn jetzt mußte sich auch in der vorletzten Disziplin die Spreu vom Weizen trennen.

Beim Warten auf den Start ließ Werner Lehmann zum wiederholten Male seinen Spruch los: „Das ist mein Wetter!" Die Sonne schien und er lag in seiner „stattlichen Länge" auf dem Bootssteg, als er das sagte. Wir hörten uns das gelassen an, bis aufeinmal Hans Spörk hinzukam und in seiner Krefelder Art meinte: „Wärner nu waat doch mol ens aff mit dingem Geschwaat, am eng spreche mer us wiider. Du bes noch lang nitt Weltmeister, och wenn do he so große Tön vun dich gihst. Passens got ob! Ich roll mich diesmol datt janse Feld vun hingen op, den ich ben diesmol ens dran. Merk dich datt ens!" Dieser Punkt ging klar an Hans Spörk und wurde mit großem Gelächter quittiert.

Mittlerweile war es 16,30 Uhr geworden und die ersten Starter wurden aufgerufen. Der Wind hatte sich zu diesem Zeitpunkt fast ganz gelegt, aber aus Westen drohte neues Unheil, nämlich die tiefstehende Sonne.

In dieser Situation hätten wir gerne auf die Sonne verzichtet, sie stand so gemein gegen den Startplatz, daß man die beiden 9er-Tore nur sehr schlecht sah. Ausgerechnet das obere, das bekannt schwierigste Tor, war fast gar nicht auszumachen. Aber es mußte ja jeder von uns damit fertig werden. Alle vor mir startenden Teilnehmer habe ich aufmerksam beobachtet. Problematisch insbesondere das Anlegen, das Wasser schwabbelte immer noch ganz ordentlich und diejenigen, die wie üblich langsam und vorsichtig ins Dock einfuhren, wurden unweigerlich an die Wand gedrückt. Der eine oder andere hat das sogar bewußt in Kauf genommen, um nicht noch an die Kopf-Seite zu stoßen und dadurch zehn Punkte zu riskieren.

Das mußte ich unbedingt anders anpacken, denn mit dem Tonnenleger bei unruhigem Wasser anzulegen, war ohnehin problematisch genug. Ich nahm mir vor, flott in das Meßviereck einzufahren. Ja... und dann natürlich mußte ich für das Stopmanöver das richtige Händchen haben. Mir schien das die einzige Chance, um das Anlegen fehlerfrei zu bestehen. Mit solchen Hoffnungen und Strategien befaßte ich mich vor meinem Start.

Der entscheidende Wertungslauf

Ich wurde aufgerufen! Es konnte losgehen. Durch die widrigen Lichtverhältnisse war äußerste Konzentration nötig. Die Mütze mit dem großen Schirm war heute ein wichtiges Requisit, ich konnte damit die lästige Sonne etwas abschirmen. Das erste Kleeblatt hatte ich einwandfrei geschafft. Nun kam zum erstenmal das obere Tor. Das Wasser dort oben war eine einzige reflektierende Lichtfläche. Einige Meter vor dem Tor nahm ich wie immer die Geschwindigkeit etwas zurück und fuhr langsam an das Tor heran. Es ging gut, jetzt wieder weit runter fahren und möglichst den gleichen Anlaufwinkel zum Tor erreichen. Fahrt wegnehmen, zirkulieren und rein ins Tor, war ich glatt durch?

Dem Beifall nach mußte es gut gewesen sein. Ich war mir jedenfalls nicht ganz sicher; wenn überhaupt, dann war es sehr knapp, aber knapp ist auch gut. Wichtig war nur, was nachher der Wertungsrichter auf das Papier geschrieben hat.

Die Sonne schien noch nie so gemein als in diesen 5 Minuten.

Nur jetzt nicht ablenken lassen, weiterhin war volle Konzentration nötig, um die zweite Hälfte auch noch ordentlich zu fahren. Die Rückwärtsfahrt war mittlerweile in einem Anfahren gelungen. Jetzt noch das verdammte Dock. Das Wasser war immer noch zu unruhig für ein vorsichtiges Manöver. Nach einem großen Bogen mußte ich es riskieren und forsch reinfahren, möglichst genau so, wie ich es mir vorher ausgedacht hatte. In diesem Moment dachten viele, daß ich durch das Anlegedock durchrauschen würde, so flott kam ich rein. Aber mein Quantum „Rückwärts" kam richtig und war bestens eingeteilt. Stop... der Kahn blieb exakt stehen, drei Sekunden wurden zu einer Ewigkeit. Es hätte auch keine Sekunde länger dauern dürfen, sonst hätte Monsieur Gilson aus Belgien als Startstellenleiter die Seitenwandberührung registrieren können. Er hätte dann Touche signalisiert und mir fünf Punkte abgezogen. Aber aus dem Zelt wurden 100 Punkte bestätigt. „Gott sei Dank", das war geschafft.

Die endgültige Entscheidung stand

Mein Modell konnte sich im Wasser... *...wie an Land behaupten*

aber noch aus, bis jetzt war ich an dritter Stelle, denn David Brown aus England war sehr schlecht gefahren, dem Polen Laczynski sowie Hans Spörk hatte ich durch meinen fehlerfreien Lauf keine Chance gelassen. Jetzt kam es darauf an, was Werner Lehmann und Arnold Pfeifer, die beide nach Punkten vor mir lagen, erreichen würden. Um es kurz zu machen, Arnold Pfeifer kam mit seiner Fahrleistung über den dritten Platz nicht hinaus. Werner Lehmann erging es noch schlechter. Nachdem er das 9er-Tor passiert hatte, reagierte sein Modell nicht mehr auf seine Steuerbefehle, er vermutete eine Störung im Frequenzbereich. Die anwesende Bundespost, die ständig das Funkgeschehen kontrollierte, lehnte seinen Protest ab. Eine Störung von außerhalb war ausgeschlossen, seine Frequenz war frei. Auch bei der Fortsetzung der Fahrt dasselbe Spiel, das Modell reagierte nicht mehr.

Er konnte also keine Ergebnisverbesserung mehr erreichen, sodaß er letztlich mit dem fünften Platz vorlieb nehmen mußte.

Jetzt stand es endgültig fest, daß ich den ersten Platz erreicht hatte. Somit war ich der erste Weltmeister in der Klasse F2b. Die nächste Überraschung war der zweite Platz für Hans Spörk. Er hatte tatsächlich das Kunststück fertiggebracht, das Feld von hinten aufzurollen, genau so, wie er es Werner Lehmann prophezeit hatte.

Ein toller Erfolg für uns beide. Für die I.K.S. Köln ein schönes Geschenk zum 20-jährigen Geburtstag. Zwei Weltmeister und zwei Vizeweltmeister, wer konnte das schon präsentieren.

Die nachfolgende Konkurrenzausscheidung der Junioren konnte ich wegen dem Trubel um meinen Sieg nicht mehr verfolgen. Jedenfalls hatte Mathias Striegler, DDR, ein zweitesmal den ersten Platz erreicht und war damit Doppelweltmeister der Junioren. Den zweiten Platz konnte Ingo Kraft aus Krefeld belegen.

Zum Thema Störungen beim letzten Lauf von Werner Lehmann kann ich noch folgendes berichten. Er war zwar immer noch der Meinung, daß er durch Funkstörungen seine geschilderten Probleme hatte, aber zwei Wochen später bei einem Freundschaftswettbewerb im Gruga-Park in Essen konnte ich miterleben, daß er wieder mit den gleichen Problemen zu kämpfen hatte und schließlich aufgeben mußte. Daraufhin stieg er endlich mal in das Innenleben seines Modells und siehe da, er förderte eine total verrottete Empfängerbatterie zu Tage. Eine perfekte Erklärung für die vorausgegange-

URKUNDE

NAVIGA '79

Duisburg
Bundesrepublik Deutschland

1. Weltmeisterschaft im Schiffsmodellsport

Thomas Helmut

Weltmeister 1979

in der Klasse *F2-B*

mit *192,00 Punkten*

23. – 31. August 1979
Duisburg
im Sportpark Wedau Regattabahn
Bundesrepublik Deutschland

Präsident   **Hauptschiedsrichter**

Am Abend dieses ereignisreichen Tages nahmen wir die Glückwünsche und Medaillen entgegen

Weltmeisterschafts-Trophäen

50 Jahre Schiffsmodellbau: eines meiner „Jugendmodelle" neben dem Weltmeisterschaftsmodell.

nen Störungen. Man sollte immer versuchen, zum Start sich selbst und sein Sportgerät topfit zu haben. Das hatte ich mir schonmal erlaubt zu schreiben. Nach diesem Motto wäre der Fehler sicher zu verhindern gewesen.

Nachdem nun die F2-Klassen abgeschlossen sind, kann man feststellen, daß die Ergebnisse beim Kursfahren nicht besonders berauschend waren. Zugegeben, es waren beim zweiten Durchgang miese Verhältnisse, aber alles sollte man nicht auf das Wetter abschieben, denn es wird immer wieder deutlich, das Meisterschaften besonderen Gesetzen unterliegen, im Gegensatz zu Freundschaftstreffen. Viele wollen das zwar nicht wahrhaben, aber bei anderen Sportarten ist das so und wir bleiben davon auch nicht verschont.

Ich möchte einmal eine kleine Statistik präsentieren, die bis 1985 die Fahrleistungen der bisherigen Weltmeisterschaften aufzeigt.

Die Zahlen stehen für Junioren und Senioren der Klasse F2a, F2b und F2c:

Jahr:	1979	1981	1983	1985
Staat:	BRD	DDR	BG	NL
Stadt:	**Duisburg**	**Magdeburg**	**Stara-Zagora**	**Rotterdam**
Anzahl Starts:	128	132	112	116
davon 0-Fehler:	8	13	15	9
in %:	6,2	9,8	13,3	7,7

H.-J. Mottschall

Ich kann leider keine Gegenüberstellung von Freundschaftswettbewerben machen, aber Kenner der Szene wissen, daß es dabei wesentlich besser aussieht.

Während der WM-Tage in Duisburg war eine kleine Gruppe modellbauinteressierter Herren aus der Volksrepublik China anwesend. Sie waren aufmerksame Beobachter des gesamten Geschehens. Fotoapparate, Film und Videokamera, Schreibblock und Tonband waren ihre Werkzeuge. Viele unserer Aktiven, ich kann mich da nicht ausklammern, dachten damals, was werden die schon wollen, hin und wieder wurden sie auch belächelt.

Das, was wir bis jetzt von China wußten, war nicht dazu angetan, um unruhig über die Konkurrenz zu werden, die sie vielleicht irgendwann, wenn sie wirklich mal mitmachen würden, darstellen könnten. Zu einem späteren Zeitpunkt werde ich über diesen Trugschluß mehr berichten.

Am Freitag, dem letzten Wettkampftag, stand die Entscheidung in der Klasse F6 auf dem Programm. Es war immer wieder toll anzusehen, wenn die F6 Mannschaften mit ihren Modellen mittels einer Fähre über die gesamte Regattabahn zum Startplatz transportiert wurden.

Hatte ich beim ersten Durchgang von den Italienern berichtet, die immer militärische Manöver fuhren und auch in der Vergangenheit mit Ihren Programmen oft Spitzenreiter wur-

Die Mannen aus Rastatt um Peter Hauns mit den Modellen des F-6-Programms.

E. Pawellek startete in F7

den, so hat sich dieses Mal ein deutsches Team ganz lautlos in den Vordergrund gefahren. Es war die Mannschaft um Peter Hauns aus Rastatt. Sie, die ehemals die Kaiserliche Marine mit Gefechtsaktionen im Programm hatten und damit sehr erfolgreich waren, hatten so ganz leise auf Zivil umgeschaltet und das so überzeugend, daß sie mit der neuen Vorführung Leistungsstufe 1 = 93,33 Punkte erreichten. Bei insgesamt 11 Mannschaften mit Abstand die beste Wertung in dieser Konkurrenz. Eine zweite Mannschaft aus unseren Reihen konnte sich ebenfalls in der Leistungsstufe 1 plazieren, mit 91,33 Punkten war es das Team der Mittelbadischen-Schiffsmodellbau-Freunde aus Lahr/Schwarzwald, unter dem Kommando von Käptn Johannes Lüber.

Den Abschluß der Aktivitäten auf dem Wasser machten die Boote der Klasse FSR 35.

Nach diesem Spektakel kehrte auf der Regattabahn Ruhe ein. Was übrig blieb, waren die letzten Siegerehrungen und eine kleine Abschlußfeier. Zum Ausklang war selbst das Wasser andächtig geworden. Die gesamte Fläche lag spiegelglatt vor uns. Es war, als wenn das Wasser sagen wollte, „ich habe mein Bestes gegeben, um Euch das Siegen schwer zu machen, jetzt ruhe ich mich aus!"

Sind während der Wettkämpfe ständig viele Teilnehmer bestrebt, in den einzelnen Disziplinen möglichst weit nach vorne zu kommen, so blieben letztlich immer nur einige wenige, die für ihr Können, gepaart auch mit dem gewissen Quäntchen Glück, bei den Siegerehrungen belohnt wurden.

So waren es auch hier von knapp 400 Teilnehmern nur 33 Freizeit-„Bastler, Modellbauer, Sportler" oder wie auch immer man es nennen mag, die zum erstenmal den Titel „Weltmeister" erringen konnten. Für mich war die Siegerehrung der Höhepunkt dessen, was man Freizeit-Hobby nennt. Zu dem Glücksgefühl kam die Freude, daß ich in den vielen Jahren die Kraft und Ausdauer aufbringen konnte, um alles, was ich begonnen hatte, auch zu vollenden. Halbheiten mag ich nicht leiden, sie führen auch zu nichts.

Sie alle, die in meinen Berichten und Erzählungen mitverfolgen konnten,

Die abschließende IKS-Feier

1. Weltmeisterschaft im Schiffsmodellsport Duisburg 23. bis 31. August 1979

Klasse F2b, Senioren
(Modell-Längen 1100 + 1700 mm)
17 Teilnehmer

Start-Nr.	Name, Vorname	Land	bester Durchgang	Baubewertung	Gesamt	Platz
279	Thomas, Helmut	D	100	92.00	192.00	1 -Gold-
274	Spörk, Hans	D	95	90.00	185.00	2 -Silber-
384	Pfeifer, Arnold	DDR	87	94,33	181.33	3 -Bronze-
414	Binet, Pierre	F	94	84.66	178.66	4.
259	Lehmann, Werner	D	84	94.00	178.00	5.
627	Laczynski, Andrzej	PL	87	91.00	178.00	5.
466	Brown, Donald	GB	78	93.00	171.00	7.
429	Le Flem, Yves	F	92	76.33	168.33	8.
655	Sahlin, Thorbjörn	S	92	74.00	166.00	9.
604	Matser, Gouert	NL	98	67.66	165.66	10.
650	Kruse, Uno	S	89	70.66	159.66	11.
486	Nunn, William	GB	70	87.66	157.66	12.
171	Denies, Marcel	B	75	82.33	157.33	13.
602	de Witt, Hank	NL	83	72.33	155.33	14.
172	Dumont, Francois	B	88	67.00	155.00	15.
225	Ritzmann, Kurt	CH	76	76.66	152.66	16.
616	Wijnreder, Freddy	NL	78	70.00	148.00	17.

auf welch breitem Fundament dieser Erfolg aufgebaut wurde, werden auch verstehen können, daß ich stolz darauf bin, bei der ersten Weltmeisterschaft so erfolgreich gewesen zu sein.

Viele Glückwünsche vor Ort und im Nachhinein vom Arbeitgeber bis zum Arbeitskollegen, von Freunden und Bekannten, konnte ich entgegennehmen. Auch unser Verein, die I.K.S. Köln, unter dem damaligen Vorsitzenden Helmut Krahé, ließ es sich nicht nehmen, im Rahmen der Festlichkeit zum 20-jährigen Bestehen des Clubs die vier erfolgreichen Teilnehmer von Duisburg zu ehren. Hinzu kam noch Knut Schneidemesser, der im Frühjahr in Mailand in der Klasse Modellsegeln ebenfalls Vizeweltmeister geworden war.

Aus diesem Anlaß, Geburtstag des Vereins, zwei Weltmeister, drei Vizeweltmeister – eine sicher seltene Konstellation – wurde auch nicht gespart und im Bootshaus eines Köln-Mülheimer-Rudervereins, in maritimer Umgebung also, hatten drei Damen des Vereins für das leibliche Wohl und für ein flottes Programm bestens gesorgt. Für die Qualität des Festes sprach, daß, bei Musik und Tanz, unsere Freunde vom Partnerclub Lüttich/Belgien erst in der Morgendämmerung des neuen Tages ihre Heimreise antraten.

Nachdem nun der Jugendtraum Erfüllung gefunden hatte, hatte ich mir vorgenommen, aus dem aktiven Wettkampfgeschehen auszusteigen und nur noch einmal – und zwar zur Titelverteidigung – anzutreten.

Der Austragungsort Magdeburg stand damals schon fest, ein Grund mehr für diesen Entschluß, denn die Reise in die DDR wollte ich auf jeden Fall mitmachen.

Da der Titelhalter automatisch für die nächste Weltmeisterschaft qualifiziert ist, brauchte ich im nationalen Bereich keine Meisterschaft mehr zu besuchen. Einige meiner Konkurrenten waren darüber sicher froh, die meisten aber zweifelten daran, daß ich es wahrmachen würde. Aber, ein Mann, ein Wort, es blieb dabei. Ich wollte mich fortan in anderen Jagdgründen tummeln und hatte mir die Klasse C2 (Standmodelle) dafür ausgesucht.

Diese Klasse ist dazu geeignet, die irgendwann vollendeten Schiffsmodelle auf Ausstellungen im nationalen und internationalen Bereich zu präsentieren. Mit dem Tonnenleger „OTTO TREPLIN" habe ich ja an solchen Veranstaltungen schon teilgenommen und auch darüber berichtet. Diese Präsentationen laufen dann in aller Ruhe und ohne Wettbewerbshektik ab.

Der Leistungsstandard im Bau solcher Modelle ist allerdings etwas höher angesiedelt. Aber Silber und Bronzemedaillen sind ja auch noch begehrte Auszeichnungen. Das waren so meine Vorstellungen, wie ich zukünftig mit dem Schiffsmodellbau weitermachen wollte.

Für diesen nächsten Schritt brauchte ich natürlich ein neues Modell. Wie immer, wenn ein Stapellauf vollzogen war, begann man sich gedanklich auch schon mit etwas Neuem zu befassen. So hatte ich seit einiger Zeit ein bestimmtes Projekt in der Planung. Es handelt sich um einen schikken modernen Hafenschlepper. Wie ich darauf gekommen bin und wie sich das alles abspielte, das möchte ich jetzt als nächstes schildern.

Der Beginn des C2-Modellbaues

Die Entscheidung, einen Schlepper im Modell zu bauen, fiel, nachdem ich im Urlaub 1976 an der Elbe eines Tages einen modernen Schlepper mit Namen „PETER" elbaufwärts nach Hamburg fahren sah.

Am nächsten Tag ging es voller Ungeduld nach Hamburg zum Hafen. Dort hoffte ich, dieses schicke Gefährt wiederzufinden. Mit einem Fährschiff von Finkenwerder kommend, fährt man ja an St. Pauli Landungsbrücken vorbei und siehe da, dort lagen die gesuchten Objekte.

Eine Überraschung für mich war, daß einer dieser Prachtstücke den Namen „Johanna" trug. Meine Frau hört nämlich auf den gleichen Namen und so konnte ich mein gesetzliches Glück auch für mein Vorhaben, gerade diesen Schlepper zu bauen, begeistern. An den restlichen Urlaubstagen machte ich noch eine ganze Reihe Fotos und habe Bauwerft und Reederei ausfindig gemacht.

Der Besuch der Reederei Petersen & Alpers (P&A) brachte mir einen ganz einfachen Plan im Maßstab 1:50 ein, der leider ohne Spantenriß war. Die von mir angeschriebene Mützelfeldwerft in Cuxhaven lehnte alle Bitten um Überlassung des Spantenrisses mit dem Hinweis ab, daß Typschiffe der Geheimhaltung unterliegen. Auch weitaus einflußreichere Personen die ich gebeten hatte, mir beim Beschaffen der Unterlagen behilflich zu sein, konnten nichts erreichen.

Das der Schlepper bereits nach zehn Monaten an die Emdener Reederei P.W. Wessels Wwe. verkauft wurde, ist zwar erstaunlich, aber Tatsache. Als sich überhaupt nichts in Sachen Bauunterlagen bewegen ließ, kam ich auf die grandiose Idee, während hier in Köln Karneval gefeiert wurde, mit meiner Frau für drei Tage nach Emden zu fahren. Wir hegten die Hoffnung, bei der Reederei Wessels vielleicht fündig zu werden. Vor allem aber wollte ich auch den Schlepper, der jetzt unter dem Namen „CORNELIE WESSELS" läuft, nochmals in Augenschein zu nehmen.

Als wir zum Liegeplatz der Reederei Wessels kamen, sagte man uns, daß der Schlepper für einige Monate nach Lissabon verchartert wäre. Pech gehabt!

Von diesen bulligen Schleppern war ich fasziniert.

Aber ich ließ mich nicht entmutigen, irgendwann wird es schonmal klappen, dachte ich. So suchte ich jede Unterlage zusammen, die den Stempel „Schlepper Johanna" trug, z.B. die Zeitschrift „Schiff + Hafen" mit der Beilage Hansa, in der Neubauten der Werften beschrieben werden. Auch dabei immer wieder der einfache Plan und kein Spantenriß.

Eines Tages hatte ich die Werkzeitung der Firma K.H.D., Köln, in Händen und darin war ein Gemälde des Unterwasserschiffes vom Schlepper Karl. Das war für mich Anlaß, einen großen Klotz Styropor in eine solche Form zu bringen, wie sie sich so nach und nach durch alle meine Recherchen ergeben hatte. Aber als Bauunterlage konnte es mich nicht begeistern. Bis dahin hatte ich auch alle Bekanntschaften aus dem Modellbaubereich verrückt gemacht, mit der Bitte, mir den Spantenriß der JOHANNA zu besorgen.

Im Januar 1979, man beachte das Datum, erhielt ich Post aus dem Norddeutschen Raum: ein Umschlag DIN-B-4, er enthielt den lang ersehnten Spantenriß. Jetzt konnte ich also ernsthaft beginnen. Hier nun ein Steckbrief zum auserwählten Objekt!

Die JOHANNA

Der Schottelschlepper „JOHANNA" war der erste von zwei Schleppern, der für die Hafen + See Schleppreederei Petersen + Alpers in Hamburg auf der Mützelfeldwerft in Cuxhaven gebaut wurde. Die heute allseits bekannten Schlepper von Petersen + Alpers, „PETER" und „ISE" und die späteren Neubauten „WILHELMINE", „HANS" und „JOHANNA" (II) sind ebenfalls alle bei Mützelfeld gebaut, sie unterscheiden sich aber in Bauausführung und Motorleistung erheblich von den beiden ersten Schleppern „JOHANNA" und „KARL".

Der Neubau Nr. 193, „JOHANNA", wurde am 10.2.1976 an die Reederei übergeben. Bereits im Dezember des gleichen Jahres wurde dieser Schlepper an die Emdener Reederei P.W. Wessels Wwe. verkauft. Daher ist dieses Schiff im Gegensatz zum Schwesterschiff „KARL", der bis auf die große Heck-Schleppwinde dem Typschiff „JOHANNA" entspricht, nicht so bekannt geworden.

Seit 1980 gibt es einen weiteren (bereits oben erwähnt) Schlepper „JOHANNA", der baulich stark von dem Neubau Nr. 193 abweicht. Dies als Erklärung, weil ich schon mehrfach hörte, daß mein Modell nicht der derzeitigen „JOHANNA" (Baujahr 1980) ent-

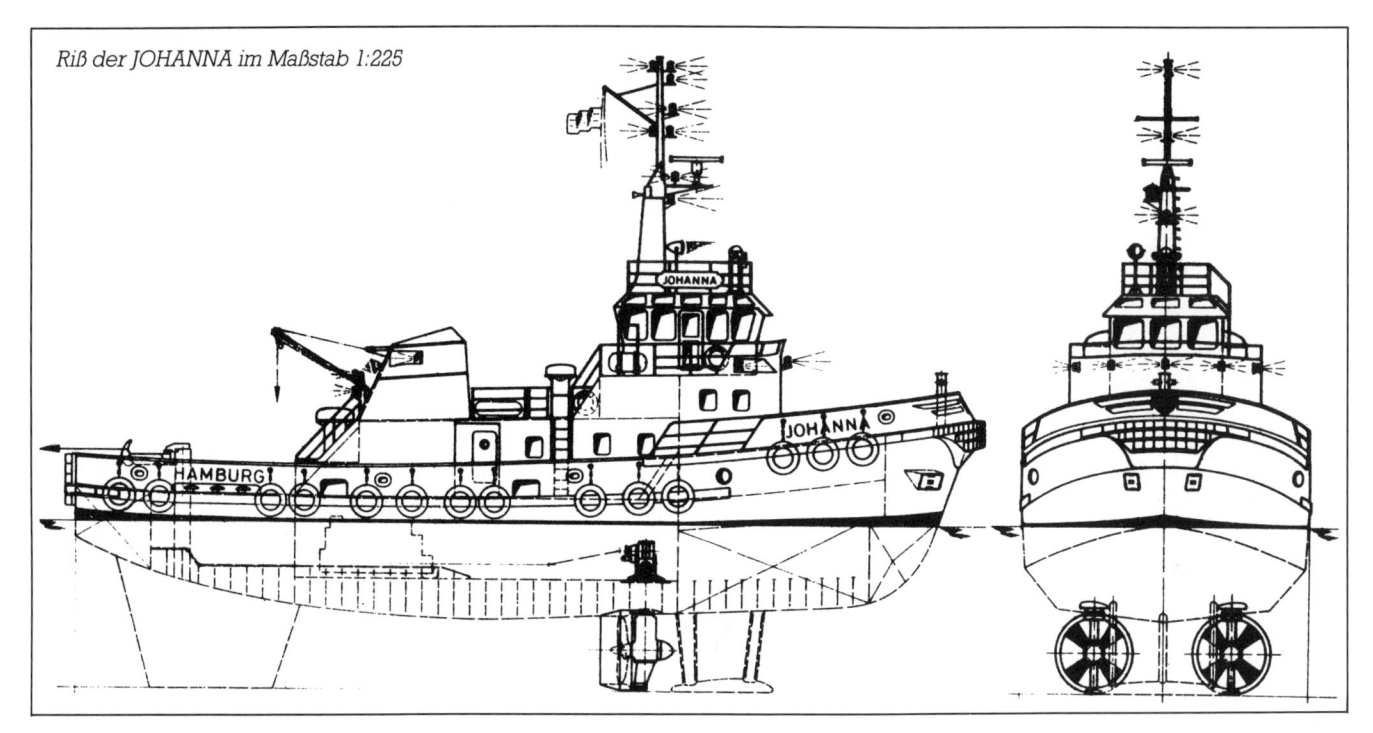

Riß der JOHANNA im Maßstab 1:225

	Original	Modell
Länge über alles:	28,75 m	95,83 cm
Länge über W. L.:	26,50 m	88,33 cm
Breite auf Spanten:	9,10 m	30,33 cm
Rumpf Seitenhöhe:	3,65 m	12,16 cm
Tiefgang einschließlich Schottelantriebe:	5,42 m	18,06 cm
Rumpf Tiefgang:	3,27 m	10,90 cm
Gesamthöhe:	19,34 m	64,47 cm
Antriebsleistung.	2 x 1160 PS	
Zug am Pfahl:	35,5 t	
Geschwindigkeit:	ca. 12 kn	

sprechen würde. Jetzt noch die dazu gehörenden Abmessungen des Originals und die für das Modell im Maßstab 1:30:

Der Maßstab 1:30 war für mich wieder eine neue Herausforderung. Im Gegensatz zu anderen Modellbauern, die sich an einen Maßstab halten, meine ich immer, etwas Neues machen zu müssen.

So beschritt ich auch einen ganz neuen Weg beim Bau des Rumpfes. Da ich das Modell ohnehin für die Klasse C2 bauen wollte, brauchte ich also keinen funktionierenden Antrieb einzubauen. Der Rumpf brauchte daher noch nicht mal hohl zu sein. Auch zur Verwirklichung des Schottelantriebs waren mal wieder die technischen Fähigkeiten und Möglichkeiten bei mir nicht vorhanden.

Nachdem ich die Spanten noch herkömmlich mit der guten alten Laubsäge ausgeschnitten und auf dem Hellingbrett ausgerichtet, mit dem Kiel verleimt und zusätzlich vier Aluminiumröhrchen 8 mmØ über die ganze Länge als Verstärkung eingebaut hatte, begann der neue Weg. Mit einigen Rollen Klebeband stellte ich eine Außenhaut her, indem ich über alle Spanten in Längsrichtung das Band aufbrachte, bis der Rumpf bis zum Deck geschlossen war.

Der nächste Arbeitsgang bestand darin, daß ich die so recht schnell entstandene Rumpfform mit Polyuretan Schaum ausschäumte. Da der Schaum sich beim Aushärten nach oben ausdehnen konnte, blieben die Rumpfkonturen in der Klebeband-Bandage exakt stehen. Das nach oben zuviel ausgetretene Material habe ich dann der Decksform entsprechend beigearbeitet.

Die Knickspant-Bauweise des Rumpfes bot sich an, die jetzt vorhandene Form mit Aluminiumblech aufzubauen, das war wenigstens meine Vorstellung. Die Größe der jeweiligen Blechstreifen habe ich mittels Papier oder Pappschablonen ermittelt. Die Breite der Streifen war durch den Knickspant vorgegeben.

Wenn die Schablonen angepaßt und auf 0,5 mm Aluminiumblech übertragen waren, habe ich mit der Laubsäge die entsprechenden Teile ausgesägt. Das Blech anschließend mit grobem Schmirgelleinen aufgerauht, satt mit UHU-Plus eingestrichen und an den vorbestimmten Stellen angeklebt. Die angesetzten Stücke habe ich bis zum nächsten Tag mit Klebeband festgezogen.

Die Kleinteile entstehen in „Werft I"

Auf diese Weise habe ich jeden Tag zwei Streifen von verschiedener Länge angebracht. Beim nächsten Arbeitsgang wurde an dem bereits festgeklebten Streifen der weitere angepaßt usw. usw... Bis der Rumpf rundum eine geschlossene Blechhaut aufwies. Das war eine Rumpfbautechnik, die für mich ein neuer Weg war.

Die Heck- und die sogenannte Dockflosse habe ich aus Plexiglas gefertigt und montiert. Damit hatte der Rumpf die Aufstellmöglichkeit, die auch dem Original bei einem Dockaufenthalt einen sicheren Stand gibt.

Auch die Antriebsteile sind aus Plexiglas, die Kortdüsen aus Alu und die Propeller aus Messing. Für das sich anschließende Schanzkleid habe ich aus Stabilitätsgründen Messingblech 0,7 mm verarbeitet.

Nachdem der Rumpf nun mit den klaren Konturen, die den Knickspant auszeichnen, vor mir stand, kam ich auf die Schnapsidee, die Nahtstellen der Bleche mit einer Schweißnaht zu versehen. Nach einigen Versuchen hatte ich eine, wie ich meine, gute Lösung gefunden. An den in Frage kommenden Stellen habe ich parallel zwei Klebestreifen so angelegt, daß ein feiner Spalt frei blieb. Diesen Spalt habe ich mit einem Nitrospachtel ausgefüllt. Nach dem Trocknen wurden die beiden Klebebänder vorsichtig abgezogen, dabei kamen die Schweißnähte dann zum Vorschein. Es war zwar viel Arbeit, aber mir hat es Spaß gemacht. Den im weiteren Verlauf der Arbeiten anstehenden Decksaufbau habe ich ebenfalls aus Alu-Blech gefertigt.

Aber vorher sollte der bereits fertiggestellte Rumpf den ersten Anstrich erhalten. Mit gemischten Gefühlen ging ich zu Werke. Das Aufbringen der roten Farbe aufs Unterwasserschiff lief ohne Schwierigkeiten ab. Aber der anschließende zweite Arbeitsgang, der schwarze Farbauftrag, wurde zu einem Fiasko. An mehreren Stellen kräuselte sich die Farbe, wahrscheinlich war der Untergrund dafür verantwortlich. Auf jeden Fall war das eine Situation, wo einem auch das Hobby keinen Spaß mehr machte.

Mit einem Schlag war die ganze vorhergehende Arbeit umsonst, alles mußte abgewaschen werden und dabei gingen auch die Schweißnähte, auf die ich so stolz war, zum Teufel.

Nach einer größeren Bedenkzeit habe ich alles wieder hergerichtet und beim zweiten Versuch ist es dann auch gut gegangen. Im weiteren Verlauf waren dann eine ganze Menge Kleinteile zu fertigen, um den Rumpf auch auf Deck und der Schanzkleid-Innenseite zu vervollständigen. Beim Erstellen solcher Kleinteile verwende ich alles, was mir unter die Finger kommt.

Ich schrecke nicht davor zurück, die Poller aus Alurohr und als Deckel einen Patentknopf zu verwenden, die Grundplatte ist aus Plexiglas und für die Lippen an jedem Poller habe ich Unterlegscheiben genommen. Auch Tablettenröhrchen in jedweder Form werden bei mir laufend verarbeitet.

Wenn es um Drehteile geht, suche ich zuerst meine reichhaltige Ansammlung an diversem Kleinkram durch. Wenn nichts Verwertbares dabei ist, dann erst drechsle ich mir das entsprechende Teil aus Holz. Neuerdings sind auch Leiterplatten verschiedener Stärken ein oder beidseitig kaschiert in meinem Materialprogramm.

Was ich bis jetzt über den Bau des Schleppers berichtet habe, erstreckte sich über einen Zeitraum von ca. zwei Jahren. Im Gegensatz zu früheren Leistungen war das nicht berauschend schnell. Ich hatte das Gefühl, es lag an den Lorbeeren von Duisburg, daß ich keine Hochform mehr erreichte.

Die Rumpflackierung der JOHANNA war nach dem zweiten Anlauf gelungen.

In den Sommermonaten habe ich mit dem Tonnenleger an einigen Freundschaftstreffen teilgenommen. Hauptsächlich in der Gruppe West, aber auch bis in den Süden habe ich mich vorgewagt und bin dort mit meinem Modell sogar sehr gut aufgenommen worden.

Dieser letzte Satz klingt vielleicht ein bißchen hintersinnig, aber das hat auch seinen Grund. Ich hatte jedenfalls Bedenken, an solchen Veranstaltungen weiterhin teilzunehmen. Man hatte mehrfach erfahren müssen, daß man Leute, die sich bei Meisterschaften als gute Modellbauer oder besonders zuverlässige Kursfahrer hervorgetan haben, nicht als „Seinesgleichen" anerkennt, sondern als Gefahr für diejenigen ansieht, die nur schiff-chen-spielen wollen. Man unterstellte, daß wir „Meisterschafts-Schiffsmodellbauer" dann bei Freundschaftswettbewerben nur die ausgesetzten Preise den „Normal-Schiffsmodellbauern" wegnehmen wollten und denen somit auch die Motivation für weitere Aktivitäten im Schiffsmodellbau vermiesen würden.

So oder ähnlich nachzulesen in den „Mitteilungen" Ausgabe 6/79 Seite 10: „**... stark übertrieben**". Ich habe das keinesfalls auf mich bezogen, auch dem Verfasser dieser Zeilen nehme ich ab, daß es nicht persönlich gemeint ist. Trotzdem hat es mich nachdenklich gemacht, daß einmal erbrachte Leistungen bei weiterer Präsentation nicht motivierend wirken sollen. Es kann doch nicht wahr sein, daß ich und viele andere uns jahrelang falsch verhalten haben, wenn wir uns immer an den guten Leistungen der Konkurrenten orientiert und dann versucht haben, es noch besser zu machen. Alle diejenigen, die damit gemeint waren, haben lange Zeit gebraucht, bis sie dort waren, wo sie heute sind. Mit der Fertigstellung eines einzigen Superschnellbaukastens ist das nicht zu schaffen.

Wenn nun Jugendliche und beginnende Bastler nicht auf Anhieb erfolgreich sind und kapitulieren, dann kann das an vielen anderen Dingen der heutigen Zeit liegen, aber doch hoffentlich nicht an der „alten Garde" von Schiffsmodellbauern, die mit viel Ausdauer und Liebe zur Sache Qualität erzeugt haben.

Erstaunlich ist jedenfalls, aus wieviel Perspektiven unser schönes Hobby manchesmal betrachtet wird. Die daraus resultierenden Ergebnisse sind dann auch danach und häufig in unserem Verbandsorgan „Mitteilungen" nachzulesen.

Die zweite Weltmeisterschaft in Magdeburg

Eine ganz neue Perspektive aber bot die Ausschreibung für die 2. Weltmeisterschaft im Schiffsmodellsport 1981 in Magdeburg, DDR. Nach der Veröffentlichung in den „Mitteilungen" im Januar 1981 lief der Countdown für dieses Geschehen, das vom 17. – 24. August 1981 auf dem Adolf-Mittag-See im Kulturpark „Roterhorn" stattfinden sollte.

Die schon recht frühen Informationen und Anfragen in Verbindung mit Unterkunft und Verpflegung ließen auf eine gut organisierte Veranstaltung schließen.

So war es dann auch, denn bereits an der Grenze wurden wir bevorzugt abgefertigt. Als wir nach Magdeburg kamen, hatte die Stadt Flaggenschmuck angelegt. Aber erst die hinzukommenden Transparente und Schrifttafeln mit Titeln wie z. B. „Wir grüßen die Teilnehmer der 2. Weltmeisterschaft im Schiffsmodellsport" bestätigte uns, daß dies alles für uns arrangiert war.

II. Weltmeisterschaft im Schiffsmodellsport 18.–23. 8. 1981

Einen solchen freundlichen Empfang hatten wir noch bei keiner vorausgegangenen Großveranstaltung erlebt. Nach der Ankunft am Wettbewerbsort gingen auch die üblichen Formalitäten flott über die Bühne, danach bezogen wir unser Quartier. Der überwiegende Teil der Teilnehmer, Schiedsrichter, Offiziellen, Helfer und auch die Mitreisenden wohnten im Internat des Berufsschulkomplexes Lorenzstraße, etwa sechs Kilometer vom Kulturpark „Roterhorn" entfernt.

Die ganztägige Verpflegung aller teilnehmenden Personen erfolgte in einer schönen großen Halle, „Hyparschale" genannt, auf dem Wettkampfgelände. In beiden Fällen waren wir für alle Tage bestens versorgt. Für diese zweite Weltmeisterschaft hatten 329 Teilnehmer aus 17 Mitgliedsländern der „Naviga" gemeldet. Im einzelnen waren es 91 Junioren und 238 Senioren, darunter 11 weibliche Modellbauerinnen mit insgesamt 543 Schiffsmodellen in 21 Klassen.

Beim Einmarsch zur feierlichen Eröffnung stellte die Bundesrepublik mit 74 Teilnehmern die zweitgrößte Mannschaft nach dem Gastgeberland DDR, die mit 80 Teilnehmern angetreten waren.

Als noch amtierender Weltmeister hatte mich das Präsidium des „nauticus" als Fahnenträger unserer Mannschaft nominiert. Ich sah das als eine Auszeichnung an und habe mich darüber sehr gefreut. Als wir in das große Viereck einmarschierten, wurde

Die weitläufigen Parkanlagen in Magdeburg waren der Wettkampfort

unsere Mannschaft von den zahlreich anwesenden Magdeburger Zuschauern mit besonderem Beifall begrüßt. Eine Tatsache die uns, ich glaube das im Namen aller sagen zu können, sehr beeindruckt hat.

Mit der, meistens nach der gleichen Weise inszenierten Eröffnungszeremonie — natürlich bei jeder Meisterschaft in der jeweiligen Sprache gehalten — möchte ich mich nicht weiter beschäftigen, denn unmittelbar danach begannen die Wettbewerbe und davon gibt es noch, wie ich meine, Interessanteres zu berichten.

So ist zum Beispiel als interessant zu bezeichnen, daß zum erstenmal 11 Teilnehmer aus der Volksrepublik China angereist waren, um aktiv am Geschehen teilzunehmen. Sie hatten einen ausgezeichneten Fundus an Modellexponaten vorzuweisen! Für uns Europäer erstaunlich, waren wir doch vor zwei Jahren in Duisburg der Meinung, laßt die doch erst mal kommen. Das war der Trugschluß, den ich damals andeutete.

Einmarsch unserer Mannschaft

Diesmal auch dabei: die VR CHINA

Nun waren sie da! Und wie sie da waren! Ich persönlich hatte sogar das Vergnügen, den damals 22 jährigen Chinesen Wei Yuming als Konkurrenten zu haben. Er brachte das Modell eines Kabellegers. Ein Kollege von ihm, der in der Klasse E-H startete, präsentierte ein hervorragend gebautes Forschungsschiff und erhielt dafür bei der Bauprüfung 96,00 Punkte, die höchste Wertung dieser Meisterschaft.

Dieses Ergebnis ließ aufhorchen und spiegelte sich auch in den nachfolgenden Klassen mit Bauwertung wieder. Die anderen 9 Chinesen tummelten sich in den Rennbootklassen.

Nach der Bauwertung in der Klasse F2a hatte, wie auch in Duisburg, Hans-Jürgen Mottschall aus Hamburg für sein Modell „Stahleck" mit 93,00 Punkte die höchste Wertung. Übrigens ist er meines Wissens der einzige von uns „Mini-Kapitänen", der Seemanns-Erfahrung mitbringt, denn er ist einige Jahre selbst zur See gefahren. Ob das dieses Mal hilft? Wir werden es sehen.

An zweiter Stelle, daher in guter Ausgangsposition, mein Clubkollege Theo Oppenländer mit dem Modell „Halny" und 90,67 Baupunkten.

Dann kamen drei Modellbauer aus der Mannschaft der DDR, die als Gastgeber ganz besonders zu beachten waren. Jürgen Mierau, der Titelverteidiger von Duisburg, war mit 84 Punkten an 7. Stelle. Fast zehn Punkte Unterschied zur Spitze, das ist kaum aufzuholen. Aber zu Resultatsverbesserungen war er ja in der Vergangenheit immer fähig. Nachdem man nun a- gesagt hatte, mußte auch b- gesagt werden. Jetzt war ich an der Reihe, in der Klasse F2b.

17 Kandidaten aus zehn verschiedenen Ländern hatten ihre Modelle zur Begutachtung auf die Tische gestellt. Wir waren jetzt gespannt, ob sich die Wertung auf dem gleichen Niveau bewegen würde, wie in der vorhergehenden Klasse (Niveau bezogen auf die Höhe der Baupunkte).

Theo Oppenländer mit seiner HALNY

Wie schon befürchtet, die Wertungen lagen alle recht tief. Von den 17 Teilnehmern waren es nur drei, die für ihre Modelle über 90 Punkte bekamen. Mit 93,33 Punkten lag Hans-Jürgen Mottschall und der Chinese Wei Yuming an der Spitze, Andrey Razumovski, S.U., war mit 90,67 Punkten der Dritte. Mit 87,33 Punkten war ich an die neunte Stelle abgerutscht. Auch hier wieder die drei Konkurrenten aus der DDR, die auch zu schlecht bewertet wurden, aber dennoch solide vor mir lagen.

Nach diesem Punktestand hatte ich praktisch keine Chance mehr, in der Spitzengruppe mitzumischen.

Im Anschluß an diese Wertung kam es zu Diskussionen mit der Jury. In der Tat waren die Herren durch das Auftreten der Chinesen aufgeschreckt worden. Die Mitglieder der Jury behaupteten, wie denn anders bei zukünftigen Leistungssteigerungen noch genügend Raum sein könnte, um das punktemäßig zu honorieren. Im übrigen müßte es auch für uns neue Motivationen sein, noch bessere Modelle zu bauen.

Ob solcher Fürsorge von seiten der Bauwerter um die Qualität der Modellbau-Zukunft konnte man nur dankbar sein, oder?

Für viele Modellbauer, die sich für die Wettkämpfe der Weltmeisterschaft nicht qualifizieren konnten oder solche, die prinzipiell keine Meisterschaften mitmachen wollen, war die Gelegenheit gegeben, an einer Ausstellung teilzunehmen, die während der WM-Tage in einer großen Halle stattfand.

Es präsentierten sich dort 218 Modelle, im wesentlichen Schiffsmodelle, einige Autos und Flugmodelle waren darunter. Viele davon hätten mit denen, die bei der Meisterschaft im Einsatz waren, konkurrieren können. Ein dickes Lob für die Magdeburger Bevölkerung (viele kamen auch von weit her), die an allen Tagen in Scharen zum Kulturpark kamen, um an dem Geschehen auf dem Wasser und in der Halle lebhaften Anteil zu nehmen. So wurden allein in der Modell-Ausstellung nach einer Woche 32000 Besucher gezählt. Mehrmals mußte die Halle wegen Überfüllung geschlossen werden.

Den ganzen Tag über stand eine große Schlange von Menschen vor dem Eingang, ein Beweis dafür, daß dort gute Leistungen geboten wurden. Gleichzeitig aber auch ein Zeichen, welchen Stellenwert der Modellbau in der DDR einnimmt. Überhaupt wurde für Zuschauer und Teilnehmer viel Rahmenprogramm geboten. Tagsüber waren auf den Elbwiesen ständig Vorführungen mit Modellflugzeugen.

Musikdarbietungen wechselten ständig, besonders aktiv war die Jugendkapelle der G.S.T. Halberstadt/Harz, die bei der Eröffnung, während der ganzen Tage und zur Schlußfeier für flotte Musik sorgte. Für die Teilnehmenden an der WM war ein „bunter Abend" in der Stadthalle von Magdeburg arrangiert worden. Wir erlebten ein flottes Programm mit Musik und Tanz, begleitet von Folklore und artistischen Darbietungen. Bekannte Künstler von Funk und Fernsehen der DDR waren ebenfalls mit von der Partie.

Ehe ich nun zu den laufenden Wettbewerbsentscheidungen komme, möchte ich über die Abschluß-Veranstaltung, die am Freitagabend auf dem Adolf-Mittag-See stattfand, berichten. Sie sollte ein „Dankeschön" der Schiffsmodellbauer von überall her an das große Magdeburger Publikum sein. Der Präsident der „Naviga" Maurice Franck/Belgien beschrieb die gesamte Veranstaltung, aber vor allem das Magdeburger Publikum, als „bewundernswert". Das kann man nur unterstreichen. Nun, bei dieser Schauveranstaltung, konnten die Schiffsmodellbauer dann den Zuschauern zeigen, was man außer Wettbewerben mit schwimmenden Modellen noch alles bewerkstelligen kann.

Nachdem ein Kunstflieger (kein Modellflieger) mit seinen tollkühnen Kapriolen die Zuschauer begeistert hatte, begannen die Vorführungen auf dem Wasser. Bis zum Einbruch der Dunkelheit wurden F6- und F7-Programme gezeigt. Aber dann kamen die Feuerwerker in Miniatur zum Zuge. Was dort abgefahren wurde, war einfach toll. Die vielen hundert Zuschauer spendeten häufig spontanen Beifall. Die einzelnen Vorführungen wurden von einem sachkundigen Sprecher recht flott kommentiert. Während illuminierte Modelle und feuerspeiende Kriegsschiffe das Wasser aufwühlten, tauchte auf einmal ein rot-glühendes Gebilde auf dem Wasser auf, es war ein beleuchteter Fisch (er war in meiner Werkstatt entstanden). Der rote Feuerball wurde von dem Kommentator der Veranstaltung als „Ungeheuer von Köln am Rhein" bezeichnet.

Zum Schluß kam die Duisburger Hafenfeuerwehr, die mit zwei Löschbooten und einem Polizeiboot ein perfektes Löschmanöver veranstaltete, es fand sehr viel Beifall. Gesteuert wurden die Modelle von Werner Quurk und Stephan Quurk jun., der dritte im Bunde war Wolfgang Scholten. (Diese zwei Senioren waren übrigens die Hauptfiguren in der Organisation der 1. Weltmeisterschaft 1979 in Duisburg).

Die Wettbewerbe standen unter keinem guten Wetter-Stern

Jetzt aber zurück zur rauhen Wirklichkeit der Wettbewerbe. Teil eins der rauhen Wirklichkeit war das Wetter. Gummistiefel und Regenjacke waren unerläßliche Kleidungsstücke in den Tagen der WM. Außer der Klasse F2c hatten alle anderen mit Regen und Wind zu kämpfen. Die F2c-Kapitäne hatten ja in Duisburg durch den Wind am meisten gelitten, dafür ist ihnen hier ausgleichende Gerechtigkeit widerfahren.

Aber nicht nur dieser Tatsache haben wir es zu verdanken, daß nach dem ersten Lauf ein Weltmeister aus unserer Mannschaft feststand, denn Erwin Frahling ist bekannt als guter und vor allem zuverlässiger Fahrer und in dieser ihm eigenen Manier hatte er mit einem fehlerfreien Lauf alles klargemacht. Das war die erste Medaille in der F2 Klasse, bei der es für die Senioren insgesamt neun Medaillen zu gewinnen gab. Aber gerade hier hatte sich auch die Mannschaft der DDR einiges vorgenommen, hatten sie doch in den Tagen vorher auf dem See fleißig trainiert und sich somit eine gute Grundlage für fehlerfreies Fahren geschaffen.

In der F2a-Klasse hatte nur Manfred Sievers aus Hannover einen fehlerfreien Lauf zuwege gebracht. Hans-Jürgen Mottschall und Theo Oppenländer erreichten mit 93,00 und 95,00 Punkten keine volle Wertung. Die Entscheidung in dieser Klasse war somit auf den zweiten Lauf vertagt.

Erwin Frahling, ihn kann nichts erschüttern!

An der Spitze lag Andrej Razumovski, S.U., er hatte auch einen fehlerfreien Lauf aufzuweisen. Wir haben ihn beim Training beobachtet und gesehen, daß er das schwierigste obere Tor hervorragend beherrschte. Ein deutlicher Hinweis auf seine Fahrkunst.

Als Teil zwei der rauhen Wirklichkeit bezeichne ich meine Ausgangsposition nach der für mich schwachen Bauwertung. Das trug auch dazu bei, daß ich besonders trotzig zum ersten Lauf antrat. Auch wenn es die letzte Meisterschaft war bei der ich startete, ich wollte nicht nur teilnehmen!

Als ich zum Start gerufen wurde, war bis dahin nur ein Schwede fehlerfrei geblieben. Er hatte aber nur 72,00 Baupunkte, also keine Chance auf die vorderen Plätze. Durch die vorgenannten Tatsachen entsprechend stimuliert, erlaubte ich mir, einen fehlerfreien Lauf hinzulegen. Nachdem alle Konkurrenten gefahren waren, hatte keiner – außer dem Schweden und mir – mehr als 96,00 Punkte erreicht.

Es war für viele meiner Mitstreiter eine faustdicke Überraschung, daß ich mit dem Chinesen Wei nach dieser Disziplin punktgleich an der Spitze stand. Somit hatte ich mein Bestes gegeben, aber die acht Teilnehmer, die mehr Baupunkte hatten, konnten ja beim zweiten Fahren immer noch an mir vorbeiziehen.

In den Tagen bis zur Entscheidung hat der Chinese Wei jede sich bie-

Details auf E. Frahlings Modell

tende Möglichkeit genutzt, um zu trainieren. Er war morgensfrüh vor dem Wettkampf und abends danach fleißig einige Runden gefahren. Man muß wissen, daß während der täglichen Wettkampfzeit von 8,00 h – 19,00 h jegliches Training verboten war.

Da in der Klasse F2c der Weltmeister mit Erwin Frahling vom W.S.C. Witten im ersten Lauf bereits feststand, blieb offen, wer die nächsten Plätze belegen wird. Der damals für die I.K.S. Köln startende Wolfgang Streese holte sich den zweiten Platz und Werner Gramß, DDR, wurde dritter. Für Günter Rudolph aus Witten blieb nur der vierte Platz.

Die nächste Entscheidung war der Klasse F2a vorbehalten. Vier Teilnehmer unserer Mannschaft hatten gute Aussichten auf die vorderen Plätze. H-J. Mottschall, der die beste Ausgangsposition hatte, konnte keine Verbesserung beim Kursfahren erreichen, hatte aber den dritten Platz sicher. Manfred Sievers, Hannover, belegte den vierten Platz. Der Titelverteidiger, Jürgen Mierau, von dem wir alle hofften, daß er sich vom siebten Platz nach dem ersten Lauf wieder nach vorne fahren würde, hat es aber diesmal leider nicht geschafft. Er mußte sich sogar noch einen Platz nach hinten orientieren. Schade, daß er den Titel nicht für sich und die I.K.S. Köln verteidigen konnte.

Aber einen aus dieser Vierergruppe habe ich bisher noch nicht erwähnt, nämlich Theo Oppenländer. Nur er war noch in der Lage, das Renommee unseres Vereins hochzuhalten.

Nachdem er bei strömendem Regen den zweiten Lauf absolviert hatte, wurden ihm dafür 95,00 Punkte gutgeschrieben. Mit diesem tollen Ergebnis hatte er zu dem bis dahin führenden Sowjet-Russen Razumovski aufgeschlossen. Nun mußte ein zusätzliches Stechen über die Vergabe des WM Titels entscheiden.

In diesem Zusammenhang kam es zu einigen Turbulenzen an der Startstelle, über die es sich zu berichten lohnt.

Als Theo Oppenländer seine sonst so schmucke „Halny" aus dem Wasser nahm, interessierte ihn weniger, wie er letztlich plaziert war, als vielmehr, daß er sich für die nächste Stunde damit beschäftigt sah, sein Modell – ohne zu beschädigen – wieder in Ordnung zu bringen. Er verzog sich in ein Zelt, um sein Modell abzutrocknen und zu säubern. Für das, was sich jetzt anbahnte, war das Zelt sehr viel wert. Erstens wurde man dort nicht naß und zweitens hörte man nicht alles, was sich draußen abspielte.

Manfred Sievers, der bis dahin an der Startstelle F2 sehr sachkundig und aktiv mithalf, seine Regelkenntnis mit einbrachte, obwohl er nicht zu den Schiedsrichtern der Startstelle gehörte, kam dann auch als erster und sagte – inoffiziell natürlich – das es einen Entscheidungslauf um den

Platz eins geben würde. Als ich das hörte, war mir nicht klar, wie Theo Oppenländer reagieren würde, wenn er das erfuhr. Ich hatte beobachtet, daß er durch die vorherrschenden Verhältnisse – nämlich: Regen, Matsch, Kursfahren und dabei nicht 100 Punkte erreicht zu haben – arg gestreßt und brummig war. Wir, das waren Manfred Sievers, Wolfgang Scholten, Sepp Eder und noch der eine oder andere, beratschlagten das weitere Vorgehen.

Ich hielt es für ratsam, vorerst alles von ihm fernzuhalten, was noch mehr Aufregung bringen konnte. So wurde Wolfgang Scholten, der als ruhig und besonnen bekannt ist, zum lieben Theo in's Zelt beordert, um ihn dort festzuhalten und ihm gleichzeitig aber schonend beizubringen, daß er sein Modell noch nicht abtakeln und einpacken dürfte.

Manfred Sievers bezog wieder seinen Posten an der Startstelle. Die nächste Überraschung brachte Hans-Jürgen Mottschall, als er feststellte, daß der Russe Razumovski noch gar nicht gesehen wurde. Da er bereits einen 100-Punktelauf hatte, war er zum zweitenmal gar nicht erst angetreten. Die Sache wurde immer spannender. An der Startstelle versuchte man nun weitere Zeit zu gewinnen, um den Russen zu finden.

Auch jetzt war wieder Manfred Sievers derjenige, der auf das Einhalten der Regeln drängte. So mußte z.B. der Wettbewerber an der Startstelle anwesend sein, wenn seine Disziplin abläuft.

Mittlerweile hatten wir auch unseren Mannschaftsführer Kurt Brenke an die Startstelle geholt, er mußte sich jetzt offiziell um das Geschehen kümmern. Unser ständiger Helfer Sievers mußte zurückgenommen werden, um keinen Anlaß für einen Protest zu geben.

Theo war noch immer im Zelt, mittlerweile war er von Wolfgang Scholten soweit informiert worden, daß er noch einmal starten sollte und das es um den WM-Titel ginge. Bis zum Aufruf an die Startstelle zu kommen, hatte er nicht viel vom ganzen Hick-Hack mitbekommen.

Einige Mannschaftskameraden von Razumovski kamen nacheinander zur Startstelle. An deren Gesichtern konnte man sehen, daß der Russe Razumovski nicht zu finden war und das – verdammt nochmal – nun endlich zum Stechen aufgerufen werden müßte.

Als dann noch über die große Lautsprecheranlage im Kulturpark, in russischer Sprache natürlich, nach dem Verschollenen gesucht wurde, protestierte unser Mannschaftsführer Kurt Brenke auf das Heftigste und forderte, das Stechen den Regeln entsprechend sofort zu beginnen. Die beiden wurden aufgerufen, Theo Oppenländer durfte jetzt aus dem Zelt und war bereit zu starten.

Die beiden weiteren Aufrufe für den Russen blieben ohne Erfolg. Zu diesem Zeitpunkt war die Entscheidung bereits gefallen. Theo Oppenländer wurde angeboten, nur das Starttor zu durchfahren, aber im Vorgefühl des großen Erfolges wollt er nun „bitte schön" den ganzen Kurs abfahren. Das tat er dann auch und mit 96,00 Punkten beendete er eine Entscheidung, die im Ablauf für unsere Verhältnisse als dramatisch bezeichnet werden kann. So konnte auch diese Klasse mit zwei Medaillengewinnern für unsere Mannschaft erfolgreich abgeschlossen werden.

Theo Oppenländer war nun Weltmeister der Klasse F2a und damit Goldmedaillengewinner.
Bei unserem neuen Champion war jetzt natürlich Regen, Matsch und Frust vergessen und abends wurde zünftig gefeiert.

Der frisch gebackene Weltmeister Theo Oppenländer

Damit blieb auch der von Jürgen Mierau durch Theo Oppenländer übernommene Weltmeistertitel dieser Klasse für zwei weitere Jahre bei der I.K.S. in Köln.

Der Sowjet-Russe Andrey Razumovski kam auf den zweiten Platz, wo er sich aufgehalten hatte, während auf dem Wettkampfgelände die Entscheidung fiel, konnten wir nicht exakt in Erfahrung bringen. Man erzählte sich, er wäre zum Einkaufen in Magdeburg gewesen.

Hans-Jürgen Mottschall aus Hamburg hatte, wie bereits berichtet, somit den dritten Platz belegen können.

Nachdem unsere Mannschaft in anderen Klassen schon fleißig Medaillen gesammelt hatte, stand als letzte Disziplin am Sonntagvormittag die Klasse F2b auf dem Programm. Dabei brauchte ich nur zu hoffen, daß die acht Konkurrenten, die vor mir rangierten, fleißig Fahrfehler machen würden. Das klingt zwar gehässig, aber in einem Wettbewerb, wo man – wie ich – sonst keine Chance mehr hat, sind solche Wünsche, wie ich meine, legitim.

Auch wollte ich nicht, wie einige es getan hatten, nachdem sie bereits eine volle Wertung erreichten, auf einen zweiten Start verzichten. Unter anderem war auch das Erlebnis von Freitag, daß es nochmals zum Stechen kommen könnte, in noch lebhafter Erinnerung. Also mußte ich immer „präsent" sein. Solche Überlegungen stelle ich meistens vor einem Start an,

Die Gastgeber, die F2-Mannschaft der DDR

um möglichst auf alles gewappnet zu sein. Den Anfang beim zweiten Durchgang machten die drei Teilnehmer der DDR, Pfeifer, Nietzold und Saager. Einer nach dem anderen hatten Fehler gemacht und daher konnten sie mich nicht überholen. Für die Mannschaft der DDR verflogen damit die letzten Medaillenchancen.

Von Wolfgang Scholten und Manfred Sievers wurde mir laufend signalisiert, wie der Stand der Dinge war. Hans-Jürgen Mottschall war als nächster an der Reihe, er erreichte 94,00 Punkte und hatte damit die gleiche Punktzahl wie ich. Das konnte ja noch heiter werden. Nachdem unsere zwoa Bayrischen Buam Sepp Eder und Helmut Langl beim Fahren auch keine Bäume ausgerissen hatten, war ich an der Reihe.

Ich hätte gerne zum zweitenmal einen fehlerfreien Lauf präsentiert, aber leider ist es mir nicht gelungen. Nach einer Bojenberührung mußte ich mich mit 98,00 Punkten zufrieden geben. Aber nach eingehendem Studium der Ergebnislisten von den Klassen F2a-, F2b- und F2c-Senioren stellte sich heraus, daß ich bei einer Addition der beiden Resultate vom Kursfahren mit 198 Punkten bei insgesamt 46 Konkurrenten an der Spitze lag, damit die beste Fahrleistung dieser Meisterschaft aufzuweisen hatte.

Diese Rechnung brachte mir nichts ein, aber es war eine Tatsache, die auch nicht wegzuleugnen war. Für mich ein klarer Punktsieg zum Abschluß.

Nachdem Hans-Jürgen Mottschall seine Top-Chance bereits vergeben hatte, ging es weiter zum nächsten Teilehmer, dem Chinesen Wei Yuming mit seinem Modell des Kabellegers. Er war nun der nächste, von dem ich hoffte, daß er ausreichend Fehler machen würde. Ich betete meine Beschwörungsformel, die ja bis dahin schon vier europäische Konkurrenten vor mir unsicher gemacht und aus dem Rennen geworfen hatte. Bei H.-J. Mottschall führte es allerdings nur zur Punktgleichheit, das genügte ja zunächst auch, denn schließlich sind wir ja Freunde.

Dem jetzt startenden Asiaten konnte ich mit meiner Zauberformel nichts antun, wahrscheinlich hätte ich dafür Chinesisch lernen müssen, denn er fuhr den Kurs fehlerfrei und wurde damit der neue Weltmeister der Klasse F2b. Von den restlichen acht Teilnehmern mußte ich noch Angelov, den Sowjet-Russen Razumovski und den Tschechen Slizek verzaubern, denn sie konnten sich mit guter Fahrleistung noch vor mich schieben. Aber „Gott sei Dank", alle drei erwiesen sich als dankbare Medien, denn sie machten so viele Fehler, daß ich vom neunten Platz nach der Bauwertung nun mit H-J. Mottschall um die Entscheidung stechen mußte, wer von uns Platz 2 oder 3 einnehmen würde.

Die OTTO TREPLIN fand besonders nach dem ersten fehlerfreien Lauf großes Interesse bei den Kollegen der DDR

Das hatte keiner für möglich gehalten, für mich ein toller Erfolg. Egal wie das Stechen ausging, für unsere Mannschaft konnten zwei weitere Medaillen gutgeschrieben werden.

Wenn auch heute nicht so spektakuläre Vorgänge wie am Freitag beim Stechen in F2a anstanden, so waren doch wieder eine große Anzahl Zuschauer anwesend, die mit Spannung verfolgten, wie wir die Reihenfolge der Platzierungen in unserer Klasse erreichten.

Ich möchte auch nochmal daran erinnern, während eines laufenden Wettbewerbs muß man immer präsent sein. Das sollten sich alle aktiven Teilnehmer gut merken. Denn mein Ausgangspunkt war bestimmt nicht dazu angetan, mit einem Stechen um den 2. Platz zu rechnen. Wenn ich z.B. zum zweiten Lauf nicht angetreten wäre, weil ich ja bereits 100 Punkte vorgelegt hatte und mir trotzdem keine Chance mehr ausrechnete, da acht Konkurrenten vor mir lagen, dann wären mein Modell und ich zum Stechen mit Sicherheit nicht einsatzbereit gewesen. Eine Parallele zum Fall Razumovski vom Freitag, nur lag er noch aussichtsreicher plaziert als ich. Sein Ausgangspunkt war der sechste Platz, ich dagegen lag wie hinlänglich bekannt an neunter Stelle.

Aber jetzt zurück zum anstehenden Stechlauf. Auch bei den Schiffsmodellbauern gilt die Regel: „Alter geht vor Schönheit". Aus diesem Grund durfte Hans-Jürgen Mottschall erst als zweiter starten. Ich wurde zur letzten Fahrt mit dem Tonnenleger aufgerufen. Eine große Leistung wurde es nicht, denn am oberen Tor habe ich die Boje von außen berührt und im Dock wollte ich den Kapitän ohne Gangway aussteigen lassen, für beides zusammen wurde ich mit elf Minus-Punkten bestraft.

Nun mußte ich schnellstens meine bis jetzt so erfolgreiche Beschwörungsformel für H-J. Mottschall einleiten. Schonung gab es nun für ihn nicht mehr. Jetzt mußte er auf jeden Fall mehr Fehler machen als ich. Einen so deutlichen Abstand wie vorher bei den anderen Konkurrenten, die mit bis zu 10 Punkten Unterschied daneben fuhren, brauchte es ja nicht zu werden. Es genügten zwei dumme Fehler (so pflegte der Jürgen immer zu sagen), nur mußten sie mindestens einen Punkt wertvoller sein als das, was für mich auf dem Konto stand.

So, jetzt aber genug der Frotzeleien, zurück zur ernsthaften Berichterstattung. H-J. Mottschall brachte in diesem Lauf auch keine Bestleistung zustande. Am oberen Tor wurde das Stechen bereits entschieden, denn er fuhr zweimal vorbei, das bedeutete 12 Minus-Punkte und somit Bronzemedaille und den dritten Platz.

Damit war die letzte Entscheidung der WM 1981 gefallen. Ich war zwar als Weltmeister nach Magdeburg gekommen, aber nicht mit dem unbedingten Willen, den Titel zu verteidigen. Da ich mich ja zurückziehen wollte, war der zweite Platz ein optimaler Erfolg, ohne weitere Verpflichtungen.

Wenn eine Mannschaft wie die der Bundesrepublik bei dieser Meisterschaft so erfolgreich war, dann ist es auch gestattet, ein Gesamtresümee zu ziehen. So stellten wir allein in neun Klassen einen neuen Weltmeister und erhielten drei Goldmedaillen in Disziplinen, für die keine Titel vergeben werden.

Warten auf das Stechen. H.J. Mottschall und ich werden den 2. und 3. Platz unter uns ausmachen

Mit einem 2. Platz konnte ich mich zufrieden vom Wettkampfgeschehen zurückziehen

In der Klasse F2-Senioren, die ich wegen der Vielseitigkeit der Anforderungen an den Modellbauer und Fahrer gerne mit dem Zehnkampf in der Leichtathletik vergleiche, konnten wir von neun Medaillen die zu vergeben waren, sechs Stück für uns verbuchen. Von den restlichen drei gingen eine Goldmedaille an die Volksrepublik China, eine Silbermedaille an die UDSSR und eine Bronzemedaille an die DDR. Erstaunlich war das schlechte Abschneiden der Gastgeber in dieser Klasse.

In einem direkten Vergleich, bezogen auf die Bauwertung, lagen sie nur 1,05 Punkte hinter uns. Wahrscheinlich hatte man mit dem vorhergehenden intensiven Training des Guten zuviel getan und dadurch Leistungsdruck erzeugt. Solche Bestrebungen können häufig das Gegenteil bewirken. Im vorliegenden Fall war das sicher so.

Nachdem bei bereits erfolgten Siegerehrungen, die im Freien stattfanden, nicht nur die Sieger, sondern alle Anwesenden in den Segen des Himmels mit einbezogen wurden, sollte die letzte Siegerehrung doch im Trockenen ablaufen und so ging man damit in die Halle (Hyparschale), die, voll besetzt, auch einen schönen Rahmen hergab.

Von dem Zeremonienmeister Herrn Schmiedel/Schweden wurden wir vom Eingang der Halle durch die beifallspendenden Zuschauer zur Bühne begleitet. Dort standen die berühmten „Treppchen, die die Welt bedeu-

2. Weltmeisterschaft vom 17. bis 23. August 1981 in Magdeburg
Bundesrepublik Deutschland mit 9 Goldmedaillen erfolgreichste Nation.

Ergebnisse der Klasse F2a:

Start-Nr:	Name	Land	Baupunkte A	B	C	D	E	Wertung	Lauf A	Lauf B	Gesamtergebnis	Platz
193	Oppenländer	D	93	90	92	90	90	90.67	95	96	186.67	1
28	Razumovski	SU	84	85	90	91	85	86.67	100	–	186.67	2
196	Mottschall	D	96	92	94	92	93	93	93	93	186	3

Ergebnisse der Klasse F2b:

132	Wei	TJ	89	94	94	94	92	93.33	94	100	193,33	1
190	Thomas	D	89	89	85	86	87	87.33	100	98	187,33	2
196	Mottschall	D	92	94	93	93	94	93.33	91	94	187.33	3
347	Pfeifer	DDR	88	83	90	90	88	88.67	96	98	186.67	4
348	Nietzold	DDR	90	87	90	89	89	88.67	92	98	186.67	4
28	Razumovski	SU	91	84	91	93	90	90.67	92	94	184.67	5
47	Slizek	CS	90	89	90	91	84	89.67	95	–	184,67	5
17	Angelov	BG	90	88	90	90	80	89.33	88	91	180.33	6
344	Sager	DDR	88	91	85	90	87	88.33	92	88	180.33	6
192	Eder	D	89	87	86	87	82	86.67	–	93	179,67	10
191	Langl	D	90	86	85	86	84	85.67	92	93	178.67	11
48	Kozak	CS	84	88	90	88	82	86.67	90	90	176.67	12
16	Iwanov	BG	80	79	82	85	80	80.67	94	93	174,67	13
73	Salin	S	75	73	68	75	68	72	100	–	172	14
114	Droogmans	B	74	81	83	80	77	79.33	83	–	162.33	15
83	Matser	NL	68	70	65	67	62	66.67	94	84	160.67	16
241	Wilson	GB	60	63	64	60	54	61	93	89	154	17

Ergebnisse der Klasse F2c:

189	Frahling	D	96	94	95	94	95	94.67	100	–	194.67	1
188	Streese	D	95	91	94	93	92	93	94	98	191	2
350	Gramß	DDR	91	90	92	90	91	90.67	82	98	188.67	3

Die drei Erstplazierten in der Klasse F2b

ten". Wenn auch nur für kurze Augenblicke, aber trotzdem sind es Momente, die unvergessen bleiben.

Es wurde eine besondere Siegerehrung, denn zum erstenmal stand ein Teilnehmer der V.R. China als Weltmeister auf dem Podest. Dieses Bild und die Klänge der Chinesischen Hymne waren für uns neu, aber für die Zukunft wird man sich daran gewöhnen müssen. Von Prof. Dr. Bordag, DDR, dem Vizepräsidenten der „Naviga", bekam ich die Silbermedaille überreicht. Er gratulierte mir, bedauerte aber gleichzeitg, daß ich aus dem Wettbewerbsgeschehen ausscheiden würde. Da ich mich im Rahmen der C. Klassen weiter betätigen wollte, wünschte er mir dazu weiterhin viel Glück und gab der Hoffnung Ausdruck, daß wir uns in Zukunft bei ähnlichen Anlässen sicher wieder gegenüber stehen würden.

Als wir uns dann 1983 bei der zweiten Weltleistungsschau der C. Klassen in Lüttich/Belgien wieder trafen und uns in freundlicher Runde mit ihm über frühere Zeiten und über unser gemeinsames Hobby unterhielten, baten wir ihn, darüberhinaus doch mal zu prüfen, ob es nicht machbar wäre, die schöne Stadt Dresden als Austragungsort für eine C.-Klassen-Veranstaltung der „Naviga" einzuplanen. Wir konnten nicht ahnen, daß es das letzte Gespräch mit ihm sein sollte, denn er verstarb im Alter von 66 Jahren im Januar 1984.

Nachdem alle Meister und Plazierten geehrt waren, erlebten wir noch eine würdige Abschlußfeier. Im Gegensatz zu den vorausgegangenen Tagen hatten wir am Sonntag schönes Wetter. Beim Einmarsch der Mannschaften stellten wir Kölner wieder einen Sportskameraden, der unsere Fahne trug, nämlich Theo Oppenländer, der neue Weltmeister der Klasse F2a.

Viele hundert Zuschauer verfolgten den Ablauf des Schlußzeremoniells. Der Präsident der „Naviga", Maurice Franck, fand lobende Worte für den Gastgeber, die Organisatoren und vor allem aber für die Magdeburger Bevölkerung. Das Einholen der „Naviga" Fahne war das äußere Zeichen, daß die zweite Weltmeisterschaft zu Ende war.

Innerlich aber kam wieder Wehmut auf. Ein Abschiednehmen, das hier schwerer fiel als sonst. Viele außergewöhnliche Begegnungen hatten die Tage in Magdeburg geprägt. Daher wurde es zu einem anderen Abschiednehmen als in einem fremden Land. So werden ich und viele meiner Mannschaftskameraden auch nie vergessen, welch eine Atmosphäre und Anteilnahme beim Erscheinen unserer Mannschaft zur Schlußfeier vorherrschte. Wir konnten registrieren, daß es insbesondere für viele ältere Zuschauer ein bewegendes Erlebnis war.

Mit diesen Eindrücken möchte ich das Kapitel zweite Weltmeisterschaft in Magdeburg beenden.

Am nächsten Tag traten wir die Heimreise an. Nach einer flotten Abfertigung an der Grenze konnten wir noch am gleichen Tag im Heimathafen Köln vor Anker gehen.

In den Tagen nach solchen Ereignissen wird nicht nur der Erfolg gefeiert, sondern auch darüber nachgedacht, was man alles an Neuem gesehen und gelernt hat, wie alles abgelaufen ist — man läßt nochmals die Wettkampftage an sich vorüber ziehen.

Die Wahl-Manager und Politiker nennen es Analyse, wir sagen dazu „Nachkarten". Deshalb jetzt noch einmal zurück zu ein paar Überlegungen im Zusammenhang mit unserer neuen Konkurrenz aus China.

Als H.-Jürgen Mottschall, der Chinese Wei Yuming und ich auf unsere Siegerehrung warteten, haben wir versucht, das Alter unseres neuen Weltmeisters in Erfahrung zu bringen. Nach einigem Hin und Her, die Verständigungsmöglichkeit war ausgesprochen schlecht, hatte er verstanden, was wir wollten und malte mit einem Kugelschreiber eine 22 in seine Handfläche. 22 Jahre also war unser junger Freund. Die anderen 10 Teilnehmer aus China waren dem Aussehen nach im gleichen Alter von 18-25 Jahren.

Bei der Besichtigung der beiden chinesischen Modelle stellte sich damals unwillkürlich die Frage, wie es möglich sei, daß junge Bastler um die 20 Jahre solche Perfektion präsentieren können. Heute, mit mehr Wissen über die Zusammenhänge im fernen China, stellt sich für uns nur noch die Frage nach der Wettbewerbsgleichheit.

So werden in China bereits Schulkinder an den Modellbau herangeführt und eventuelle Begabungen in speziellen Schulen und Organisationen weitergefördert und zwar in einem Rahmen, der für unsere Verhältnisse unvorstellbar ist.

Um einmal einen Überblick zu geben, was sich in China in Sachen Schiffsmodellbau speziell abspielt, möchte ich Herrn Willi Senf zitieren. Viele kennen ihn als erfolgreichen Schiffsmodellsportler in den Elektro-Rennboot-Klassen. Er war 1982 für kurze Zeit nach China gereist, um die dort vorherschenden Verhältnisse im Schiffsmodellsport zu studieren. Er wußte daher folgendes zu berichten:

Ich zitiere: In der V.R. China existieren über 150 Schiffsmodellbau-Clubs mit rund 50000 eingetragenen Mitgliedern. 200 festangestellte Lehrer bildeten im Rahmen der Schulsportförderung über 500000 Mädchen und Jungen von sechs bis achtzehn Jahren kostenlos zu Schiffsmodellsportlern aus. Allein der Schiffsmodell-Sportverband von Peking hat 2000 eingetragene Clubmitglieder. So die Worte von Willi Senf!!!....

Im Vergleich dazu: der deutsche Dachverband „nauticus" besteht aus 136 Vereinen mit zusammen 2916 Mitgliedern, so der Stand 1985.

In den folgenden Jahren nahm die Beteiligung der Chinesen an Meisterschaften hier in Europa an Menge und in der Qualität der Modelle weiter zu, so daß die vorderen Plätze bei solchen Ausscheidungen häufig von den Modellbauern aus der V.R. China belegt werden. Ein schlagender Beweis für die Qualität „Made in China".

In diesem Zusammenhang möchte ich einmal mein Wissen über die dortigen Verhältnisse weitergeben und zwar mit Kenntnisstand 1985.

Bei der Weltleistungsschau in Rastatt hatten einige mit den Chinesen konkurrierende Teilnehmer ausfindig gemacht, daß bei den Angaben auf den Meßbriefen die Berufsangabe Lehrer eingetragen war. Das Wort Lehrer kann viel bedeuten, aber in diesem Fall waren es Werkschullehrer für Schiffsmodellbau, von denen Herr Senf damals schon berichtete. Wir hatten diesen Sachverhalt in Verbindung mit einem Dolmetscher ermittelt. Meine persönlichen Ermittlungen gingen dahin, daß ich ebenfalls mit Dolmetscher einmal deutlich gemacht habe, wie ich und wahrscheinlich die meisten von uns ihre Modelle bauen.

Als ich erzählte, daß ich mir zunächst die Unterlagen für das zu bauende Objekt selbst beschaffe, dann ohne großen Maschineneinsatz (außer Bohrmaschine und Kreissäge) in einer kleinen Küche und im Keller wirke, bis vor einem Jahr alles mit dem Pinsel angestrichen habe, alle Arbeitsgänge wurden weitgehend von mir alleine realisiert, als ich dann noch entsprechende Fotos zeigen konnte, die das Gesagte verdeutlichen, da machten die Herrn aus dem fernen Osten auch erst mal Pause!!!...

Jetzt wollte ich aber wissen, wie sich der Modellbau bei ihnen abspielt. Man sagte mir, daß es bei ihnen auch Leute geben würde, die ähnlich wie ich arbeiten würden, aber die wären sehr selten. In jedem Fall aber hätten sie entsprechende Kenntnisse und Fähigkeiten aus der Schule mitgebracht. Die Regel wäre, daß in gut eingerichteten Werkstätten der Schulen oder Schiffsmodellbau-Clubs unter Anleitung dieser auch von Herrn Senf schon beschriebenen Werklehrer gearbeitet würde. Dabei stünde die Gruppenarbeit im Vordergrund. So ist es auch wahrscheinlich, daß auf unseren Wettbewerben nur Modelle, die im Kollektiv erbaut wurden, erscheinen.

Das ist zwar nicht verboten, aber sie müssen dann als Mannschaftsmodell deklariert werden. So ist es vielleicht auch zu erklären, daß so ein junger Mann wie Wei Yuming, der Weltmeister 1981, schon zwei Jahre später mit einem brandneuen Modell, noch umfangreicher und besser in der Ausführung als das von 1981, bei der dritten Weltmeisterschaft in Stara-Zagora/Bulgarien startete und seinen Titel erfolgreich verteidigte. Dabei erreichte er mit seinem Mannschaftskameraden Zhang Hu, der zweiter wurde, mit 93,66 Punkten die höchste Bauwertung.

Wiederum zwei Jahre später, 1985 in Rotterdam/Niederlande, wie konnte es anders sein, erneut ein neues Modell und wieder genauso sauber und präzise gebaut, so daß er nach der Bauwertung zwar nicht die absolut höchste Wertung der Meisterschaft erreichte, aber immerhin mit 95,33 Punkte die beste Wertung in seiner Klasse F2b erzielte. Eine fürwahr erstaunliche Bilanz, wenn er sie alleine erbracht hat!

Beruflich ist er meines Wissens im Fernmeldewesen tätig. Welche Arbeitszeiten dort täglich zu absolvieren sind, weiß ich zwar nicht. Aber eines weiß ich ganz bestimmt, nämlich das dort ein Tag, genauso wie bei uns, nur 24 Stunden hat.

Es gäbe sicher noch einiges, was man vergleichen könnte und auch weiteres, über das es sich zu berichten lohnte. Ich möchte dieses Kapitel aber mit der Feststellung abschließen, daß die Freunde aus China uns mit ihren Leistungen doch in Erstaunen versetzt haben. Wer bereit ist Lehren anzunehmen, konnte auch schon einiges dazulernen.

Die JOHANNA wächst langsam weiter

Nun aber zurück zu meiner Baustelle, zum Schlepper „JOHANNA". Das Ganze hat sich leider nur sehr bedächtigt fortentwickelt. Deshalb überlegte ich, ob ich nicht mit dem halbfertigen Modell bereits in das Wettbewerbsgeschehen einsteigen könnte. Wenn ich nämlich mit der z.Zt. bei mir herrschenden Intensität weiter arbeiten würde, käme noch lange keine Chance des Mitmachens für mich in der Klasse C2 in Frage.

Angeregt durch die Modellbauer, die historische Modelle in halbfertigem Zustand in der Klasse C3 präsentieren, kam mir der Gedanke, das auch zu versuchen. Über diese Idee und den weiteren Verlauf der damit verbundenen Basteleien möchte ich jetzt berichten.

Es lagen Überlegungen vor, welche Art der Aufstellung ich für den Schlepper wählen sollte, wenn er einmal fertiggestellt wäre. Für die Zeit des Bauens hatte ich mir ein solides Untergestell geschaffen. Wie üblich, zwei Bretter der jeweiligen Spantform entsprechend ausgesägt und mit zwei Rundhölzern verbunden. Fertig! Zur Präsentation des fertigen Modells, insbesondere für die C-Klasse, wollte ich aber das Modell auf einer Konstruktion präsentieren, die freie Sicht auf die außergewöhnliche Rumpfform des Schleppers mit der Dock- und Heckflosse, aber vor allem auf den Schottelantrieb gewährleistet.

Auf der Suche nach einer solchen Lösung kam mir die Idee, eine Aufstellung zu wählen, die das Modell im Dock stehend zeigt. Wenn ich das verwirklichen könnte, dann bestünde auch die Möglichkeit in der Klasse C3 mitzumischen, denn dabei sind ja Hafen- und Dockanlagen zugelassen.

Nach dieser etwas ausgefallenen Entscheidung hieß es natürlich Unterlagen für ein solches Dock zu beschaffen und möglichst schnell mit dem Bau zu beginnen. Das alles spielte sich im zweiten Halbjahr 1982 ab und für das nächste Jahr hatte ich bereits einen besonderen Termin im Visier.

Diese Zielauffassung beinhaltete:
1. Antragstellung an den Dachverband „nauticus" mit der Bitte um Delegation für die zweite Weltleistungsschau der C-Klassen 1983 in Lüttich/Belgien. Das war nötig, weil ich mich nicht vorher qualifiziert hatte.

2. Den Rohbau des Deckshauses vorantreiben bis zum ersten Anstrich (Grundierung), damit dann aber abschließen.

3. Schlicht und einfach: Das Dock erstellen.

Wie bekannt, ich hatte für das Modell den Baumaßstab 1:30 gewählt. Demnach hätte ein Dock aber Größenordnungen angenommen, die für den Transport problematisch geworden wären. So entschloß ich mich, auch das Dock als Segment darzustellen, als authentisches Original wählte ich

Tips, Tricks oder Materialvergewaltigungen, egal wie man es nennen mag. Nachstehend eine Auflistung von solchen Entgleisungen und Tatsachen.

3. Schlepper „JOHANNA"

Bei dem nachfolgenden Neubau des Schleppers „JOHANNA" bin ich beim Erstellen der Details wieder nach dem für mich bewährten Schema vorgegangen. Zuerst immer in die gesammelten Werke einsteigen, ob sich etwas anbietet, die verschiedenen Bauteile darzustellen.

So z. B. die diversen Lüfter. Sie sind ausnahmslos aus pharmazeutischen Verpackungen entstanden, ebenfalls die beiden Türen im Aufbau. Weitere Türen und Klappen habe ich aus 2 mm starkem Alu-Blech gefertigt, dabei die Kanten mit der Feile abgerundet und dann ein 0,5 mm starkes kleines Stück Blech hinterlegt, um den Eindruck zu erwecken, daß es sich um eine Rahmentüre handelt.

Die Ankerwinde ist diesesmal nicht vorwiegend aus Holz. Leiterplatten, Messingprofile, Alu und Kupferteile mußten hierbei herhalten. Die Kettenräder habe ich aus Markierstift-Kappen fabriziert.

Auch Holzdrehteile sind wieder dabei. Für das Einspannen der Holzrohlinge in das Bohrfutter drehe ich mir eine entsprechende Holzschraube genau mittig in das Holz, danach schneide ich den Schraubenkopf ab, um einspannen zukönnen. Die andere Seite läuft auf einer mitlaufenden Körnerspitze. So kann man ohne Drehbank kleinste Teile herstellen.

Übrigens, elektronische Bauteile und Zubehör sind leicht abgewandelt auch universell zu gebrauchen. Entscheidend ist dabei, daß man solche Teile nach der Verarbeitung und nach dem Anstrich nicht mehr erkennt.

das Mittelteil eines Docks von der Mützelfeldwerft in Cuxhaven.

Bauunterlagen konnte ich leider keine bekommen, so war mir Köhlers Flotten-Kalender 1983, den es ja im August meistens schon zu kaufen gibt, eine wertvolle Hilfe. In dieser Ausgabe war eine Abhandlung über verschiedene Dockarten und vor allem Abmessungen aufgezeigt.

Das der Urlaub 1982 dann in Cuxhaven stattfand, versteht sich fast von selbst. Mit entsprechend vielen Fotos von den dortigen Docks und den groben Abmessungen war der Zeitvertreib für die nächsten Monate gesichert. Nun ein paar Sätze zum Bau der Anlage.

Die Dockanlage

Auf einer Grundplatte von 130 x 60 cm wuchs nun nach und nach das Dock. Span- und Hartfaserplatten sind der Hauptbestandteil der Anlage. Alles wurde so gebaut, daß es zum Verpakken und Transportieren demontierbar ist. Die Kielpallen unter der Balkenanlage sind aus Kunststoffformteilen, die ich entsprechend umgearbeitet habe. Dagegen sind die seitlichen Stützen aus Messing und Plexiglas gefertigt. Für die Hydraulikheber unter den seitlichen Stützen mußte Aluminiumrohr verschiedener Abmessungen herhalten.

Die Teile mußten alle an den auf den Balken stehenden Rumpf angepaßt werden. Dann kamen noch zwei Stützen unter die Schlingerkiele. Damit ist dann der Schlepper, auch im Original, ausreichend abgestützt. Als nächstes fertigte ich eine Reihe spezieller Teile, die auf die Dockwand gehörten und darüberhinaus noch Baugerüste, Leitern, Paletten und vieles mehr. Damit soll das Dock im Endausbau auch wirklichkeitsnah darstellt werden. Mit der entsprechenden Farbe aus der Sprühdose hat alles dann das typische Aussehen erhalten.

Für den Bau eines Krans, der dem Ganzen noch gut zu Gesicht gestanden hätte, konnte ich mich zu diesem Zeitpunkt noch nicht erwärmen. Der Gedanke, einen Ausleger in Rohrkonstruktion bauen zu müssen, hielt mich zunächst noch davon ab. Auch die zur Verfügung stehende Zeit bis zu dem Wettbewerb in Lüttich hätte nicht mehr gereicht.

Mittlerweile war auch durch die Veröffentlichung der Mannschaftsaufstellung die Bestätigung für die Teilnahme mit der Dockanlage, inklusive Schlepper „JOHANNA" gewährleistet. So fuhren wir wieder einmal mit vollgepacktem Auto – der Tonnenleger ging auch noch mit - auf eine neue Tournee nach Lüttich/Belgien. Von Köln aus kein weiter Weg, in gut zwei Stunden waren wir am Ziel.

Die Weltleistungsschau in Lüttich

In der Vergangenheit habe ich häufig das schlechte Wetter bei Wettbewerben erwähnt, teils als Alibi für schlechte Fahrleistung, aber meistens bedeutete es starke Beeinträchtigung beim Ablauf der Geschehnisse für alle Teilnehmer. Hier in Lüttich, das möchte ich vorausschicken, hatten wir an allen Tagen herrlichstes heißes Sommerwetter. Kein Wunder, der Wettbewerb fand ja auch in der Halle statt.

Nun einige Zahlen, die das Ausmaß der Leistungsschau verdeutlichen sollen.

Die Teilnehmer kamen aus neun Nationen und brachten 210 Modelle mit. Für die Bundesrepublik konnte Friedel Heßmer als Mannschaftsführer 23 Teilnehmer mit 35 Modellen registrieren lassen. In den einzelnen Klassen kamen folgende Zahlen zustande. Klasse C1 = 53 Modelle, Klasse C2 = 74 Modelle, Klasse C3 = 55 Modelle und Klasse C4 = 28 Modelle. Eine Mannschaft mit 7 Teilnehmern und 11 Modellen kam von sehr weit her. Dreimal dürfen sie raten, welcher Nation sie angehörten! Sie kamen aus China – natürlich. Für sie war es die erste Teilnahme an einer Welt-Leistungsschau der C-Klassen.

Auch in Lüttich waren zahlreiche Mitglieder unseres Dachverbandes nauticus

Die Grenzabfertigung bestand aus einem Kopfnicken des Zöllners, eine Wohltat im Gegensatz zu Reisen in östlicher Richtung. Im direkt an der Maas gelegenen „Palais de Congress" durften wir unsere Schmuckstücke dekorativ aufbauen.

Einige Wochen vor diesem Termin hatten wir mit Familie Heßmer einen Sonntagsausflug nach Lüttich unternommen. Dabei haben wir die Unterkunftsmöglichkeiten ausgelotet und beschlossen, das Hotel unmittelbar neben der Congresshalle zu nehmen. Wir hatten uns vorher auch noch mit Herrn Maurice Franck verabredet, so daß wir mit ihm alles inspizieren konnten. Alles in allem optimale Verhältnisse.

Die Gummifender am Bug und Heck des Schleppers sind Holzklötzchen, entsprechend der Originalform ausgearbeitet.

Die flachen Lüfter an dem Schanzkleid habe ich aus Plexiglas ausgeschnitten und bearbeitet.

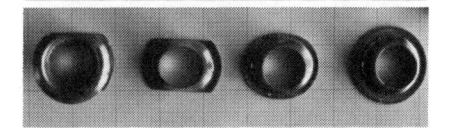

Die Taudurchführungen (Klüßen) im Schanzkleid habe ich aus Messingösen gemacht, dieselben finden Verwendung bei Zelten, Segeln, usw.

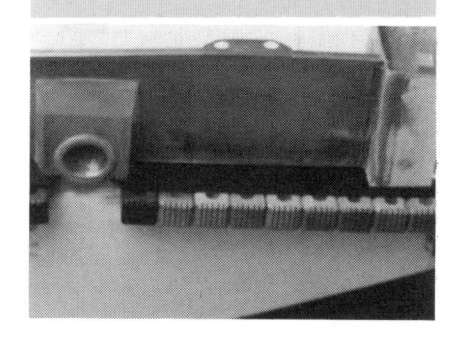

Die nun anstehende Eröffnungsfeier fand im Foyer der Congresshalle statt. Zu diesem immer wiederkehrenden Zeremoniell gibt es Richtlinien, die vom Weltdachverband für Schiffsmodellbau und -Sport „Naviga" erarbeitet wurden und wonach jeder Veranstalter verpflichtet ist, die vorgegebene Form einzuhalten. Ein paar Auszüge aus dem Regelwerk, Stand 1984, möchte ich einmal zitieren.

Ziele und Aufgaben der „NAVIGA"

1. a) Den Schiffsmodellsport und den Schiffmodellbau zu entwickeln, zu fördern und zu verbreiten.

b) Freundschaftliche Beziehungen zwischen allen Schiffsmodellbauern und Schiffsmodellsportlern unter Ausschluß jeder politischen, rassistischen, konfessionellen oder gewerblichen Betätigung herzustellen.

c) Um ihre Grundsätze zu verwirklichen und die Verständigung und Freundschaft zwischen den einzelnen Mitgliedern zu fördern, sieht die NAVIGA ihre vornehmste Aufgabe darin, im Geiste der olympischen Idee, der Völkerverständigung und des Friedens zu wirken. Diese Gedanken verpflichten alle Organe der NAVIGA sowie deren angeschlossenen Verbände, in allen ihren Handlungen dies als oberstes Gebot zu betrachten.

d) Wirtschaftliche Zwecke sind mit der Tätigkeit der Organisation nicht verbunden, und es werden auch keine Gewinne erstrebt. Die Mitglieder erhalten weder Gewinnanteile noch persönliche Zuwendungen aus Mitteln der NAVIGA.

Daraus ergeben sich nachfolgende Aufgaben:

2. d) Weltmeisterschaften und internationale Wettbewerbe sind nur an Länder zu vergeben, in denen alle Mitglieder der NAVIGA teilnehmen können und welche die Verpflichtung übernehmen:
- daß die olympische Idee verwirklicht wird.
- daß alle Mitglieder gleichberechtigt teilnehmen können.
- daß das Flaggen- und Hymnenzeremoniell eingehalten wird.
- daß die Wettkämpfe entsprechend den internationalen Sportgepflogenheiten durchgeführt werden.

Die offizielle Sprache der NAVIGA

Gemäß 10 der Satzung der NAVIGA, sind die offiziellen Sprachen deutsch, französisch und englisch.

Eid für Wettkämpfer und Schiedsrichter.

5. 1) Bei Weltmeisterschaften haben die Wettkämpfer und Schiedsrichter im Rahmen der Eröffnungsveranstaltung einen Eid zu leisten. Dies hat durch Vertreter der Wettkämpfer und der Schiedsrichter zu erfolgen, die durch den Veranstalter bzw. Ausrichter auszuwählen sind.

2) Der Eid ist in deutscher, englischer und französischer Sprache zu leisten. Dementsprechend sind je ein Wettkämpfer und Schiedsrichter auszuwählen, die einem Land angehören sollen, indem die betreffende Sprache vorherrschend ist.

Soweit die Auszüge aus dem Regelwerk der NAVIGA. Das gesamte Regelwerk umfaßt 96 Seiten Din A 5. Dieser kleine Auszug soll vorher Gesagtes unterstreichen.

Aus diesen Tatsachen heraus wurde mir in Lüttich eine ehrenvolle Aufgabe zuteil. Der Präsident der „Naviga", Herr Maurice Franck, bat mich den Eid der Wettkämpfer für die deutschsprachigen Teilnehmer zu sprechen:

„Im Namen aller Wettkämpfer gelobe ich, daß wir im fairen Wettstreit an dieser Naviga-Weltleistungsschau teilnehmen und die geltenden Regeln achten und befolgen werden, im Geiste sportlicher Fairneß, zum Ruhme unseres Sports und zur Ehre unserer Mannschaften".

Mit diesen Worten trug ich meinen Beitrag zu der Eröffnungsfeier bei. Nachdem auch der Hauptschiedsrichter Jan Marczak/Polen den Eid für die Schiedsrichter geleistet hatte, war die Veranstaltung eröffnet.

Zwei Bauwerter-Teams hatten nun die Aufgabe, die 210 Modelle zu beurteilen. Ein schweres Stück Arbeit lag vor den 10 Herren. Eine Gruppe war für die Klassen C1 und C3 zuständig, die zweite Gruppe für C2 und C4.

Darüber die seit Jahren zentrale Figur des Hauptschiedsrichters Jan Marczak aus Polen. Die Klasse C2, in der auch mein Tonnenleger etabliert war, hatte mit 74 Modellen den größten Zuspruch. Darüberhinaus war eine nie vorher dagewesene Qualität der Exponate zu verzeichnen.

Mit meinem Modell OTTO TREPLIN erreichte ich Leistungsstufe 2 = Silbermedaille. In der Reihenfolge der Wertungen war das die 30. Position von 74 Teilnehmern. Viel interessanter war für mich aber, wie ich in der Klasse C3 mit der Dockanlage und dem Schlepper „JOHANNA" abschneiden würde. Diese Form der Präsentation war neu, meines Wissens hat bisher niemand in diesem Maßstab eine solche Anlage vorgestellt.

Ich hatte bereits zu Hause meine eigene Baubewertung vorgenommen. Bei meiner Kenntnis der Sachlage war die Leistungsstufe 3 (Bronze) im Bereich des Möglichen. Diese Meinung habe ich auch einige Wochen vorher gegenüber unserem zweiten Vorsitzenden Hans Spörk und dem Gruppengeschäftsführer Heinz-Hermann Kraft vertreten, als sie für die Erstellung des Meßbriefes die Korrektheit meiner Angaben überprüften. Wenn man bedenkt, daß zum Zeitpunkt des Wettbewerbes das Modell erst halb fertig war, das Dock aus Ziergründen auch um einiges unvollendet geblieben war, dann ist die vorausgegangene private Beurteilung doch logisch. Das vorab aus meiner Sicht zu der bevorstehenden

Wertung, bei der 55 Modelle zu Beurteilung anstanden.

Die Jury setzte sich zusammen aus den Herrn:
1. Rudolf Ebert/DDR als Leiter,
2. Vserolod Romanescu/Rumänien,
3. Robert Gilson/Belgien,
4. Jean-Claude Bellanger/Frankreich und
5. Edouardo Guerreri/Italien.

Außer Herrn Ebert DDR, der schon viele Jahre als sachkundiger Schiedsrichter tätig ist, waren die anderen Herrn neu im Geschäft. Von dem italienischen Schiedsrichter bekam ich den guten Rat, für die nächste Ausscheidung die Autoreifen, die als Fender am Schanzkleid des Schleppers hingen, selbst anzufertigen; vor allem aber müßten sie hohl sein. Ich fragte ihn, ob er mir einen Tip zur Herstellung solcher Reifen geben könnte. Er meinte darauf kurz und trocken, ich sollte sie aus Holz fertigen.....

Ansonsten wurde ich zu meinem Modell nicht befragt. Ein Hinweis, der darauf schließen ließ, wie mir schien, daß brauchbare Bauunterlagen vorlagen.

Für den Abend war die „offene Wertung" angesagt. Sie ist vergleichbar mit dem, wie es auch beim Eiskunstlauf praktiziert wird. Nach Aufruf der Startnummer oder des Teilnehmers werden die entsprechenden Werte von den Juroren auf Tafeln angezeigt, mittlerweile ist diese Anzeige auch schon auf elektronischem Wege eingeführt worden.

So präsentierte ich meine Dockanlage, Klasse C3, in Lüttich

Dem wollten die Lütticher Modellbauer auch nicht nachstehen und haben – mit viel Arbeit verbunden – jedes Modell auf Video aufgenommen. Nach dem Aufrufen des Starters war auf einem Bildschirm das Modell zu sehen, auf einem weiteren erschien die dazugehörende Punktzahl. Es war eine sehr visuelle Darstellung, die Punkte und dazugehöriges Modell informativ und dokumentarisch aufzeigte. Hier und da hatte das System noch einige Macken. Das wurde auch kritisiert, aber man soll ja den Fortschritt nicht aufhalten; klein angefangen haben wir alle einmal.
Für die Schiedsrichter bedeutete dieses Anzeigesystem einen großen

Vorteil. Mußten sie sich sonst auf das Ziehen der richtigen Punkttafeln konzentrieren, so konnten sie jetzt in aller Ruhe an den Gesichtern der ihnen gegenübersitzenden Teilnehmer sehen, ob sie ihnen weh getan hatten oder ob die Modellbauer der guten Wertung wegen erfreut waren. Es waren häufig enttäuschte Gesichter, die sie zu sehen bekamen, insbesondere bei der Klasse C3. Es ist damals sehr viel darüber geschrieben worden, deshalb möchte ich es bei dieser Feststellung belassen.

Aber zur Ehrenrettung für die Schiedsrichter möchte ich auch einmal die Vielzahl der Baumaßstäbe aufzeigen, die bei den über 50 Modellen der Klasse C3 zu bewerten waren. Es geht vom Maßstab 1:1250 bis 1:13. Es wurden die verrücktesten Zwischenmaßstäbe gezeigt wie z.B. 1:13, 23, 24, 30, 48, 50, 60, 70, 75, 78, 120, 144, 192 u.s.w. Das soll nun in eine Wertung gebracht werden, die jeden Teilnehmer zufriedenstellt. Das ist eine schwierige Aufgabe und manch einer, der kritisiert, sollte das bitte bedenken.

Aber nun zu meiner Wertung. Als die Startnummer 60 aufgerufen wurde erschien das Dock auf dem Bildschirm und auf dem zweiten die erreichte Punktzahl, nämlich: 92, 95, 90, 95, 90. Das macht total 277 Punkte. Die höchste und die niedrigste Wertung wurden dem Reglement entsprechend eliminiert. 277:3 = 92,33 Punkte im Querschnitt.

Dieses Ergebnis hatte ich nicht er-

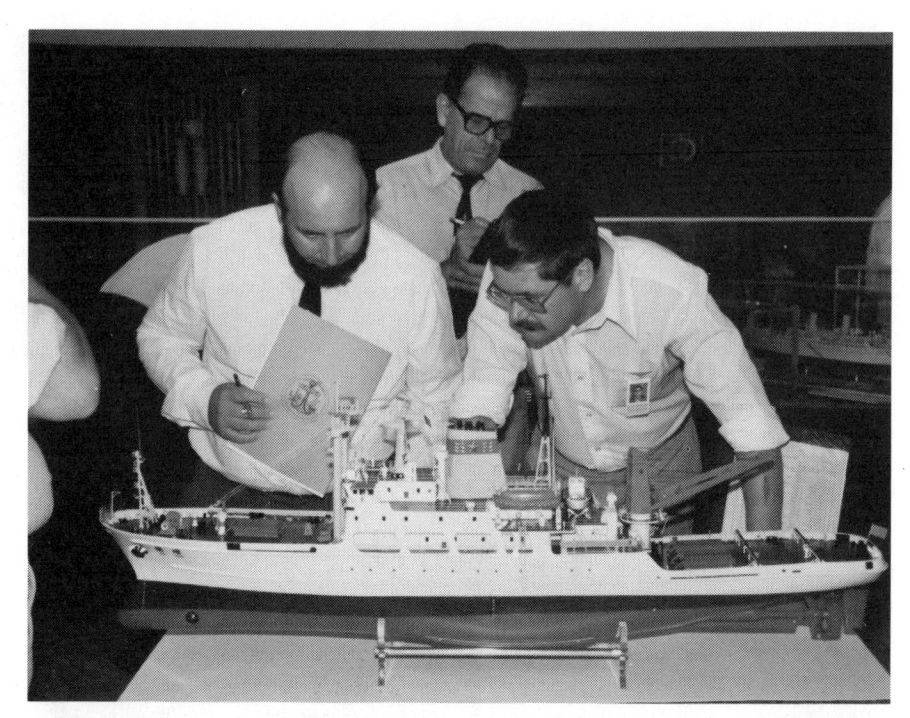

Den Juroren wurde es nicht leicht gemacht!

wartet. Als ich das sah, wurde mir heiß und kalt, eine Regung, die ich so an mir noch nicht erlebt hatte. Die Wertung wurde zwar mit viel Beifall bedacht, gleichzeitig aber sah ich auch erstaunte Gesichter bei Leuten, von denen ich weiß, daß sie sachkundig sind. Mir gab das die Gewißheit, daß meine private Wertung damals zu niedrig lag, aber diese hier dafür eindeutig zu hoch war. Nun gut, ich hatte die Leistungsstufe 1 erreicht, eine Goldmedaille. Das war die dritte Position in der langen Reihe der 55 Teilnehmer. Schließlich und letztendlich freute ich mich doch über diese gute Wertung.

Eine kleine Bilanz über erbrachte Leistungen erlaube ich mir doch vorzutragen, ohne mich in große Aufzählungen zu ergehen. Der Abwechslung wegen fange ich bei der Nennung der guten Taten einmal von hinten an, nämlich bei der Klasse C4. Hier hat Michael Wünschmann aus Salzgitter wieder einmal gezeigt, was im Miniatur-Modellbau machbar ist. Eine perfekte Leistung von ihm. Die ersten 3 Plätze in dieser Disziplin konnte ihm keiner streitig machen. 95,00 Punkte hieß die Wertung für sein bestes Modell.

In der Klasse C3 spielt seit mehreren Jahren Artur Molle vom gastgebenden Liege Marine Club eine maßgebliche Rolle, vor allem seine bestechenden Schnitzereien bringen ihm immer wieder Hochachtung ein. Mit 93,00 Punkten wurde er Klassenbester.

Wei Yuming mit seinem Modell KANCHA I

Bei der nächsten Gruppe C2 dominierten auf Anhieb die so weitgereisten chinesischen Sportfreunde. Unter den ersten sechs waren allein vier Modelle aus China plaziert. An der Spitze mit dem Modell eines Forschungsschiffes der junge Li Tianzehn. Mit 94,66 Punkten erreichte er die beste Wertung. In diesem Falle möchte ich auch den Zweitplazierten noch erwähnen, es war nämlich kein geringerer als mein ehemaliger Konkurrent, der amtierende Weltmeister der Klasse F2b, Wei Yuming. Auch er präsentierte ein Forschungsschiff mit sehr vielen außergewöhnlichen Details in sauberster Ausführung.

Nicht umsonst habe ich mir die Klasse C1 (Historische Schiffsmodelle) als letzte vorbehalten. Denn nach dem Motto: „Das Beste kommt am Schluß" möchte ich einen excellenten Modellbauer mit seinem Modell vorstellen. Beide standen zum zweitenmal bei einer Weltleistungsschau im Vordergrund.

Es handelt sich dabei um das Modell einer Viermastbark, des belgischen Schulschiffes L'Avenir im Maßstab 1:100 von Herrn Wolfgang Quinger aus Dresden. Bei der ersten Veranstaltung dieser Art 1981 in Jablonec/CSSR, bekam er mit 97,33 Punkten die höchste Wertung aller Klassen zugesprochen. 180 Modelle wurden damals bewertet, davon 48 in der Klasse C1. Ich war damals nicht dabei, deshalb konnte ich erst jetzt, zwei Jahre später, seine hervorragende Arbeit bewundern.

Hier in Lüttich hat sich sein Modell

erneut in Konkurrenz mit weiteren 52 in seiner Klasse — und mit 120 Exponaten insgesamt — als das Beste herauskristallisiert. Er erhielt mit 96,66 Punkten mit Abstand die besten Noten.

Während der ganzen Tage war das Modell ständig umlagert von Zuschauern und Modellbauern, die sich nicht an dem Objekt und den für diesen Maßstab (1:100) blitzsauberen Details sattsehen konnten.

Manch einer hätte sich sicher gerne mit dem Erbauer über sein Modell unterhalten, aber leider war er verhindert und konnte nicht dabei sein, vor allem aber konnte er auch die Glückwünsche für seinen Erfolg nicht persönlich in Empfang nehmen. Schade, kann man da nur sagen.

Um die Serie des Erfolges von Wolfgang Quinger zu komplettieren, erlaube ich mir einen Vorgriff auf die dritte Weltleistungsschau 1985, die in Rastatt/Baden stattfand. Das Modell der Bark und weitere 24 Modelle aus der DDR waren auch dort wieder gemeldet und in der Obhut der Betreuer gut angekommen und zur Bewertung aufgestellt worden. Genau wie beim Auftreten in Jablonec und Lüttich konnte die L'Avenir auch hier von keinem anderen der 185 Modelle übertroffen werden. Die Jury ermittelte 98,00 Punkte. Das war die bisher höchste Wertung, die bei einer Weltleistungsschau der C-Klassen vergeben wurde.

Ich gebe noch eins drauf und sage:

Das Spitzenmodell L'AVENIR von Wolfgang Quinger

„Ein Traumschiff verdient eine Traumnote". Warum zieren sich Wertungsrichter für eine solche Spitzenleistung auch einmal 100 Punkte zu geben? Das habe ich mich besonders in diesem Fall in Rastatt gefragt und manch anderer sicher auch.

Wie bereits in Lüttich, so war es auch hier in Rastatt nicht möglich, mit dem Erbauer zu fachsimpeln. Er war, wie auch die anderen Modellbauer aus der DDR, nicht anwesend. Über diese Tatsache, die mich persönlich nachdenklich macht und bedrückt, erlaube ich mir ein paar Sätze zu Papier zubringen.

In einer Organisation wie die der G.S.T. (Gesellschaft für Sport und Technik), die für den Schiffsmodellbau so viel investiert und daher auch einen hohen Stellenwert erreicht, das habe ich schon einmal anerkennend vermerkt, läßt man von einem offiziellen Vertreter, stellvertretend für die Modellbauer, die Ehrung und die Medaillen entgegennehmen. Das finde ich nicht in Ordnung. Wie heißt es doch so schön: „Applaus ist das Brot des Künstlers". Hier läßt man die Künstler (=Modellbauer) verhungern, weil sie den Lohn für ihre Arbeit nicht in dem Rahmen, der ihnen gebührt, in Empfang nehmen können. Wir müssen auch für solche Anlässe unseren Urlaub opfern und darüberhinaus auch alles selbst finanzieren. Aber Schiffmodellbauer, die solche Werte schaffen, sind auch sicher gewillt, weitere persönliche Opfer zu bringen, die es dann ermöglichen, bei der Präsentation dabei zu sein.

Deshalb ist es erstaunlich, daß man die guten Vorsätze bzw. Regeln der „Naviga" nicht befolgt, die da heißen:

„Die NAVIGA sieht ihre vornehmste Aufgabe darin, im Geiste der Olympischen Idee, der Völkerverständigung und des Friedens zu wirken". Wenn man das ernsthaft will, dann gehören auch die Menschen dazu. Mit 185 Schiffsmodellen – und wenn sie noch so perfekt gebaut sind – und fünf Offiziellen je Nation, kann man keine Völkerverständigung praktizieren. Oder?...

Jetzt aber noch einmal zurück nach Lüttich, denn dort hatte ich ja unterbrochen, um die Laudatio für Wolfgang Quinger und seine LÀvenir zusammenhängend vortragen zu können. Es bliebe noch die Siegerehrung zu erwähnen, bei der die Teilnehmer der Bundesrepublik recht oft aufgerufen wurden. So konnten elf Goldmedaillen, fünf Silbermedaillen und 15 Bronzemedaillen von den C-Modellbauern in Empfang genommen werden. Nach dem schon hinlänglich bekannten Ritual lief die Schlußfeier ab. Für mich ging ein schöner Wettbewerb zu Ende, an den ich mich gerne zurückerinnern werde.

Mit je einer Gold- und Silbermedaille ausgezeichnet, war es auch die zahlenmäßig erfolgreichste Leistungsschau, die ich bisher mitgemacht habe. Mit einem herzlichen „Dankeschön" an unsere Freunde vom „Liege Marine Club" verabschiedeten wir uns und traten die Heimfahrt an.

Da ich mit dem bekannt guten Ergebnis belastet nach Hause kam, mußte ich ja jetzt einiges an der Dockanlage tun, um der guten Wertung gerecht zu werden.

Der Kran entsteht

Aber für das Dock hatte ich mir vorgenommen, im kommenden Winter einen Kran zu bauen. Ich nenne bewußt den Winter, weil das für mich schon immer die aktivste Bastelzeit war. Im Frühjahr und insbesondere im Sommer fällt es mir sehr viel schwerer, im Keller oder in der Wohnung zu sitzen und zu basteln. Das nur nebenbei.

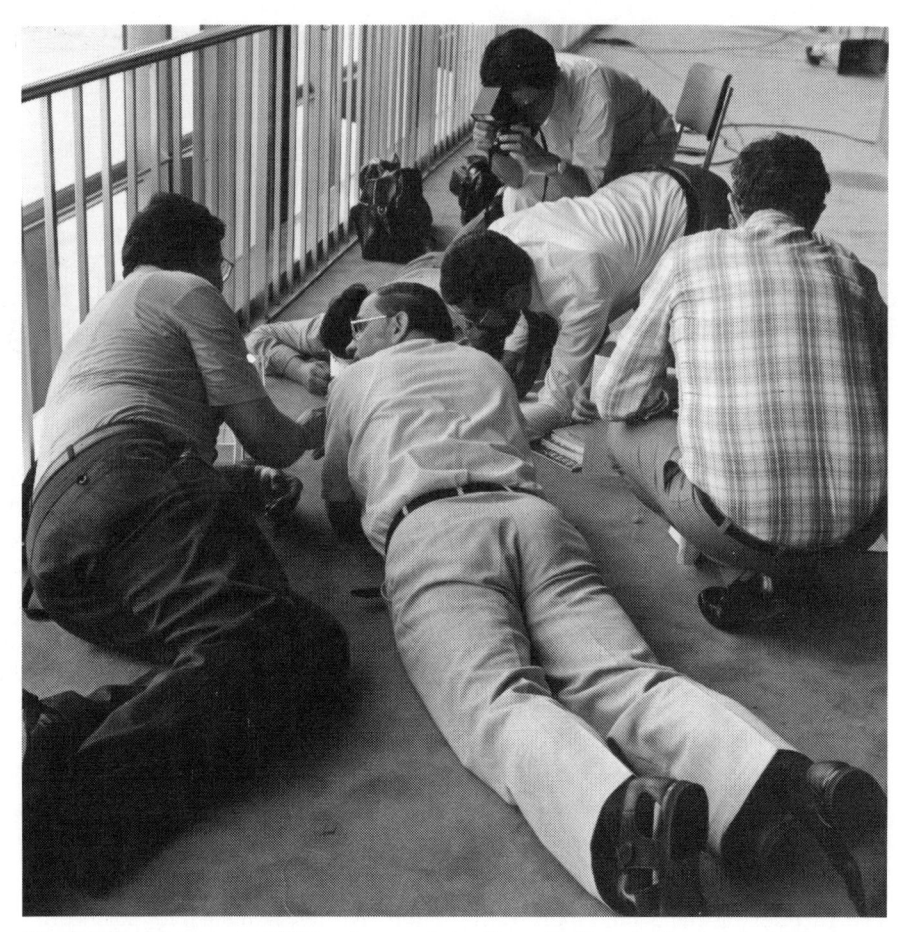

Die Schiffsminiaturen in 1:1250 nahmen wir in dieser Stellung in Augenschein! Es waren handwerkliche Wunderwerke!

Von der Vielzahl der Kran-Typen, die auf Werften im Einsatz sind, wählte ich einen, der den Ausleger als kompakte Kastenkonstruktion hatte. Beim Bauen des Krans gab es keine besonderen Probleme zu bewältigen, er war programmgemäß im Frühjahr 1984 fertig.

Erwähnenswert ist vielleicht, daß ich das Kranhaus aus doppelseitigen, kupferkaschierten Leiterplatten erstellt habe. Es ist eine feine Sache, mit diesem Material zu arbeiten. Erstens hat man immer eine saubere Fläche, zweitens kann man direkt drauf löten und drittens läßt sich damit sehr sau-

Unsere Mannschaft konnte viel „Edelmetall" mit nach Hause nehmen

ber und blitzschnell bauen. Zur Verbindung benutze ich außer dem Löten meistens den Sekundenkleber. Diese Verbindungen sind sehr schnell aufgebaut und werden bombenfest, sodaß man pausenlos weiterarbeiten kann. Für das Dock habe ich dann noch einige kleinere Sachen wie Schweißwagen, einen Stapler, Handwagen und noch einiges angefertigt. Da bis zum nächsten Auftritt noch Zeit war, kam mir die Idee, doch

Der Kran in zwei Bauphasen

mal einige Figuren in das Dockgeschehen einzubauen, die als Handwerker „action" in die Darstellung bringen sollten.

Mut zum Risiko

Ich hatte mir die Plastikfigürchen gekauft, umgearbeitet und für spezielle Tätigkeiten hergerichtet, dann noch mit entsprechendem Werkzeug ausgerüstet und bemalt. Ich weiß viel zu gut, daß bei Modellen, die sich einer Bauwertung nach den bestehenden Regeln unterziehen, solche Zugaben verpönt sind. Obwohl in den besagten Regeln keine Hinweise auf solche speziellen Ausschmückungen der Modelle beschrieben sind, wird es in der Wertung nicht positiv berücksichtigt, allerdings dürfte es einen Punktabzug aber auch nicht geben. Diese besondere Einlage hatte ich mir für die bevorstehende Leistungsschau vorgenommen, ganz gleich, wie es die bundesdeutschen Wertungsrichter auslegen würden.

Mit dieser Bundes-Leistungsschau lief ein Jubiläumsprogramm parallel. Drei 25-jährige-Jubiläen standen 1984 auf dem Programm:

Erstens das der „Naviga", die am 3. Mai 1959 durch Schiffsmodellsportverbände von Frankreich, Österreich, der Schweiz und der Bundesrepublik Deutschland in Basel gegründet wurde. Außer der Kenntnisnahme durch die Bekanntmachung in den „Mitteilungen" wurde nichts bewegt.

Das zweite Jubiläum, mit mehr Bewegung, war das unseres Vereins, der I.K.S. Köln. Bei einem bunten Abend mit vielen Gästen, einem kalten Büffet und einer Tombola wurden ein paar freundliche Worte gesprochen und von dem Vorstand des Vereins wurden einige Ehrungen vorgenommen, damit ging unser Club in die nächsten 25 Jahre. Das erste Vierteljahrhundert kann man ohne Übertreibung als sehr erfolgreich bezeichnen, für die nächsten Jahre kann man nur hoffen und wünschen, daß es so weiter geht.

Übrig blieb noch das 25-jährige Jubiläum des „nauticus", das im Rahmen einer Bundesmeisterschaft mit einer Leistungsschau für die C-Klassen und einer Jubiläumsregatta begangen wurde. So konnten vom 25.8. – 31.8.1984 alle Schiffsmodellbauer und -sportler (die gewillt waren mitzumachen) an Meisterschaft und Wettbewerb teilnehmen. Die Regattabahn in Duisburg, mit dem immer rührigen Verein S.M.C. Duisburg, waren die gegebenen Voraussetzungen für diese Groß-Veranstaltung. Die Beteiligung war auch dementsprechend groß.

Bundesmeisterschaft in Duisburg

Am Dienstag, dem 28.8. um 19 Uhr, hatte das Präsidium des Verbandes zu einem Festabend im Tribünen-Restaurant eingeladen. Nach der Begrüßung der Gäste durch den Präsidenten Herrn Edmund Ewert, schilderte er den Werdegang des „nauticus" in den zurückliegenden Jahren. Als Gratulant des Weltverbandes war kein geringerer als dessen Präsident selbst, Herr Maurice Franck mit Gattin aus Belgien angereist. Er bedankte sich für alle Aktivitäten, die in der Vergangenheit vom deutschen Dachverband ausgingen und gab der Hoffnung Ausdruck, daß es sich zukünftig auch nicht ändern möge. Nachdem einige Ansprachen, die bei einer solchen Jubelfeier immer dazugehören, abgeschlossen waren, wurden noch einige verdiente Mitglieder geehrt. Dann begann der Kampf mit Messer und Gabel. Die anschließende Möglichkeit zu tanzen ließ die Sünden vom kalten Büffet wieder vergessen. Keiner der Leser sollte dem Trugschluß verfallen, daß Schiffsmodellbauer nur Hammer und Feile schwingen können, auch das Tanzbein ist – wie die Akkus – ständig bereit!

Die Wettkampfteilnehmer, die bei der abendlichen Feierlichkeit anwesend waren, konnten nach solch einer Motivation in den nächsten Tagen nur noch gute Leistungen bringen. Da mein Betätigungsfeld das der C-Klassen ist, möchte ich auch hier nur kurz darüber berichten. Der größte

Andrang herrschte in der Klasse C2, hier waren 28 Teilnehmer angetreten, um sich für die Weltleistungsschau 1985 in Rastatt zu qualifizieren. Dabei kam es zum erstenmal zu Ergebnissen, über die man sich auch als nicht Beteiligter freuen konnte. Das ewige Nörgeln der Aktiven, daß gute Leistungen auch entsprechend hoch bewertet werden sollen, hatte sich hier wahrscheinlich ausgewirkt.

Der für den S.M.C. Hamburg startende Dirk Hamann bot mit seinem Modell „Borre" die herausragendste Leistung in dieser Klasse. 98.00 Punkte wurden ihm für sein Modell zugesprochen.

Und jetzt werde ich gemein! Wer dieses Modell gesehen hat, der wird sich sicher fragen, was der Erbauer für die ihm fehlenden zwei Punkte bis zur Bestnote noch hätte tun sollen. Dirk Hamann konnte mit dem gleichen Modell auch in einer der Fahrklassen starten, dort bekam er, allerdings von einem anderen Werter-Team, bei der Bauwertung sogar 99,00 Punkte.

Für mich ist Dirk Hamann ein neues Licht am nördlichen Modellbau-Himmel. Für einen jungen Mann mit solchen Qualitäten kann ich nur sagen: „Mach weiter so! Dann wirst Du recht bald die fehlenden zwei Punkte zur Traumnote auch noch schaffen!" Für mich hatte er 100 Punkte hier und heute schon verdient.

Es gab 14 Teilnehmer, die in dieser Disziplin die Leistungsstufe „Eins" erreichten, aber nur die ersten 12 hatten sich qualifiziert. Zwei Teilnehmer konnten trotz Gewinn der Goldmedaille nicht mit nach Rastatt. Das nennt man Pech.

Dirk Hamann mit seiner BORRE

Mein Abschneiden in der Klasse C3 mit der Dockanlage bestätigte eindeutig die zu hohe Wertung von Lüttich. Denn, obwohl ich den Kran dazu gebaut und einiges mehr getan hatte, bekam ich exakt die gleiche Wertung von 92,33 Punkte wie damals in Belgien.

Details der BORRE von Dirk Hamann

Was mich ein bißchen nachdenklich machte, war der Hinweis eines Jury-Mitgliedes. Er sagte mir, ich solle zukünftig die Figuren besser weglassen. Ein Beweis für mich, daß man darüber diskutiert hatte. Das Einfachste wäre gewesen, man hätte diese

Figürchen oder keine, das war hier die Frage

speziellen Details ganz übersehen. Aber bei der sprichwörtlich „Deutschen Gründlichkeit" ist das vielleicht ein bißchen zuviel verlangt.

In diesem Zusammenhang kann ich aber von einem Kuriosum berichten. Ich war mit noch ein paar Modellbaufreunden einer freundlichen Einladung zufolge nach Jablonec in die CSSR gereist. Dort war eine internationale Leistungsschau für C-Modelle angesagt. Wir fanden dort freundliche Aufnahme und alles lief recht ruhig und ordentlich ab. Den ermahnenden Ratschlägen zufolge hatte ich die Handwerker und einiges an Dock-Gerätschaft nicht mitpräsentiert. Diese Accessoires ruhten in einer Schachtel unter dem Tisch. 98 Modelle in den vier Klassen hatten sich zur Wertung gestellt. Ich erreichte mit 94 Punkten die höchste Wertung der 13 Mitbewerber in meiner Klasse. Als die Jury ihre Arbeit in der Klasse C3 beendet hatte, kam der als international bekannte Modellbauer und Wertungsrichter, Herr Jan Veselý, CSSR, zu mir und sagte: „Sie haben zwar mit ihrer Dockanlage eine gute und saubere Arbeit präsentiert, aber wenn sie noch etliche Figuren und docktypisches Zubehör zusätzlich mit eingebaut hätten, dann hätten sie mit Sicherheit noch zwei Punkte mehr erreichen können....."

Ich dachte mich tritt ein Pferd. Ich nahm ihn mit zu meiner Transportkiste und zeigte ihm die in drei Kartons fein säuberlich eingepackten Teile. Für ihn war es unfaßbar, daß ich das alles zurückgehalten hatte.

Er kam noch mehrmals mit Leuten zu mir, um immer wieder die Figuren und Zubehör zu besichtigen. So kann es einem ergehen. Aber ich habe in den vielen Jahren schon so viel erlebt, daß mich solche Vorgänge nicht mehr nachteilig beeinflussen können. Anders könnte es allerdings denen ergehen, die noch neu in diesem Geschäft sind, denn solche verschiedenen Auslegungen der Regeln tragen zur Verunsicherung der Modellbauer bei. Das die vorliegenden Regeln für alle gleich sind, das ist doch klar. Da sie aber von Menschen angewandt werden, sind die Ergebnisse immer verschieden.

Nach diesem Beitrag, der als Kontrastpunkt zur Bewertung meiner Dockanlage in Duisburg eingeschoben wurde, möchte ich mich nicht anderen Dingen zuwenden, ohne noch einmal auf die Jubiläums-Veranstaltung zurückzukommen.

Festzustellen ist, daß es alles in allem eine dem Anlaß entsprechende Veranstaltung war. Es war ja ein großes Wagnis, in einer Zeit, in der in einigen Bundesländern die Ferien bereits zu Ende waren, einen Wettbewerb zu planen, der sich über eine ganze Woche hinzog. Daher konnten auch nicht alle teilnehmen. Schade kann man da nur sagen, aber, wie heißt es doch so schön, „Rechtzumachen jedermann, ist eine Kunst, die keiner kann."

Mit einem „Dankeschön" an alle, die dafür gearbeitet haben, daß ich und wir unserem Hobby frönen konnten, möchte ich das Jubiläumsjahr verabschieden.

Aufbau des Kiel-Leuchtturms. Funktionsprogramm des VSB Rastatt
Historische Seeschlacht. Funktionsprogramm des SMC Büdingen

Brandbekämpfung. Funktionsprogramm des SMC Rastatt

Die Weltleistungsschau in Rastatt

Das Jahr 1985 sollte für die C-Modellbauer des „nauticus" einen weiteren Höhepunkt bringen. Eine Veranstaltung, die sich so schnell wahrscheinlich nicht wiederholen wird. Es war der dritte Weltwettbewerb im Schiffsmodellbau vom 24. – 31. Mai 1985 in Rastatt.

Wir, der „nauticus", der durchführende Verein V.S.B. Rastatt und speziell die C-Modellbauer hatten nun die Freunde zu Gast, die wir in vielen Jahren vorher in ihren Heimatländern besucht hatten.

Um an meinem Schlepper Fortschritte gegenüber Lüttich präsentieren zu können, mußte ich nochmal in die Hände spucken und was dran tun. Deshalb ging ich daran, den Aufbau weiter zu vervollständigen. Denn bis dahin war es ja nur ein Rohbau mit einem Grundierungsanstrich. Ich baute noch weitere Ausrüstungsteile für den Schlepper, zum Beispiel verschiedene Lüfter, Fensterrahmen, Türen, Lampen und eine ganze Menge Kleinteile. Nachdem ich einiges zustande gebracht hatte, wartete ich auf warmes Wetter, damit ich im Keller lackieren konnte.

Bis dahin hatte ich dort gesägt, geschliffen, gebohrt und so richtig Dreck gemacht. Der wiederum mußte jetzt in einer größeren Aktion beseitigt werden, um beim Spritzen keine Pleiten zu erleben. Als das geschehen war, erbettelte ich mir bei meiner Frau drei alte Bettücher, um alles schön zuzuhängen. Dann konnte es los gehen. Bei den kleinen Teilen war es eine Freude, mit dem neuen Kompressor und dem Spritzgriffel zu arbeiten.

Der Aufbau mit seinen vielen Ecken und Kanten mußte in fünf verschiedenen Farben gespritzt werden. Das war eine weniger schöne Arbeit, vor allem das Abkleben der schon fertigen Teile war mühselig und erforderte vorsichtiges hantieren. Nach einigen kleinen Fehlschlägen, die immer wieder mal passieren, war ich eine Woche vor dem großen Termin in Rastatt mit den Arbeiten, die ich mir vorgenommen hatte, fertig.

3. Weltwettbewerb RASTATT 1985
NAVIGA 85
24. - 31. Mai 1985
Bundesrepublik Deutschland

Am Freitag, dem 24. Mai 1985 ging es mit zwei PKW's Kurs Rastatt. In dem einen Auto Familie Heßmer, in dem anderen Wagen – einem Kombi – ganz viele Kisten und Kartons, und vorne meine Frau und ich. Friedel Heßmer war wieder der bewährte Betreuer unserer Mannschaft und ich, wie bekannt, versuchte mich als aktiver Wettbewerber.

Am Ankunftstag ist immer sehr viel los. Da heißt es zunächst Hände schütteln noch und noch, denn von den über 200 angereisten Modellbauern mit Anhang kennt man mittlerweile die meisten. So heißt es dann auch noch in neun Sprachen sich zu verständigen. Toll was! Denn zehn Nationen nahmen an diesem Wettbewerb teil.

Alsdann muß jeder sein Modell, oder auch gleich mehrere, auspacken und an weitgehend vorbestimmten Plätzen aufbauen. So ist der erste Tag und in umgekehrtem Ablauf der letzte Tag ziemlich anstrengend. Dann beginnt wieder das Abklopfen der Chancen und dabei mußte ich recht schnell feststellen, daß die Konkurrenz nicht geschlafen hatte. Diese Feststellung bezog sich auf alle Klassen. So waren es einmal mehr die Mannen aus China, die Modelle mitbrachten, die uns in Staunen versetzten. Außer dem Dolmetscher, dem Betreuer und dem Schiedsrichter, die für uns bereits alte Bekannte waren, traten sie mit einer komplett neuen Mannschaft an, die sich auch zum erstenmal an allen vier Klassen beteiligten.

Drei ihrer Teilnehmer stellten sich auch in meiner Klasse zur Wertung. Einer davon hatte, genau wie ich, ein Dock mitgebracht im Maßstab 1:80. Damals, in Lüttich, hatten sie meine Dockanlage genauestens unter die Lupe genommen. Der Betreuer ihrer Mannschaft Chen Shoucheng hat fleißig Fotos gemacht, dann hat er noch Videos aufgenommen und zu guter Letzt kam er noch mit einem Tonbandgerät und hat eine geraume Zeit über mein Modell gesprochen. Danach kam er mit der Bitte zu mir, ich möchte doch auch etwas über mein Modell erzählen. Dieser Bitte habe ich gerne entsprochen und habe daraufhin einiges über mein Modell erzählt. Nach diesen Beobachtungen habe ich damit gerechnet, daß sie auch bald in die Klasse C3 einsteigen würden. Nun, nur zwei Jahre später hier in Rastatt war es also schon soweit!

Nach einer recht stimmungsvollen Eröffnungsfeier, besonderes zu erwähnen ein Fanfarenkorps, das das übliche Tun musikalisch umrahmte, hatten wir, die Wettbewerber, nichts mehr zu tun — aber dafür mußten die zwei Schiedsrichter-Teams umso mehr arbeiten.

Der V.S.B. Rastatt hatte neben der gut vorbereiteten Veranstaltung ein großzügiges Rahmenprogramm arrangiert. Vor allem die kombinierte Bus- und Schiffsfahrt konnte man als Knüller bezeichnen. War die Schloßbesichtigung in Heidelberg schon etwas Besonderes für unsere ausländischen Gäste, so waren sie von der an-

Das Rahmenprogramm sollte den Gästen auch die Reize unseres Landes zeigen.

schließenden Fahrt mit dem Schiff durch das schöne Neckartal hellauf begeistert. Nach dem Mittagessen in Neckarsteinach ging es mit dem Omnibus entlang des Flusses bis Bad Wimpfen. Auch die Besichtigung dieses romantischen Städtchens mit den vielen alten Fachwerkhäusern fand volle Zustimmung bei den Gästen. Von dort ging es dann wieder nach Rastatt zurück.

Mit Abschluß dieses schönen Tages hat der Gastgeber dieser Fahrt insbesondere unseren Gästen aus dem Ausland ein Erlebnis besonderer Art vermittelt. Damit hat der V.S.B. Rastatt ganz bestimmt neue Freunde gewonnen!

Zu erwähnen bleibt noch die Besichtigung des Wehrgeschichtlichen Museums, auch die Führung durch das ortsansässige Hofbräuhaus Hatz war ein weiterer Knüller im Beiprogramm. Vor allem, daß nach der Besichtigung von der Brauerei noch zu einem Imbiß eingeladen wurde, fand den Beifall der Teilnehmer. Es gab Badischen Kartoffelsalat mit Kasseler und dazu wurde ein hervorragendes Bier ausgeschenkt. Ich glaube, alle die dabei waren, werden diese Stunden in Anbetracht des Gesehenen, aber vor allem wegen des guten Essens und Trinkens nicht so schnell vergessen.

Aber nun genug des lockeren Treibens, wieder zurück zum eigentlichen Anlaß unserer Anwesenheit in Rastatt. Was als letztes bleibt, ist die große Bilanz der Gesamtheit aller Exponate die hier in der Eishalle auf Ti-

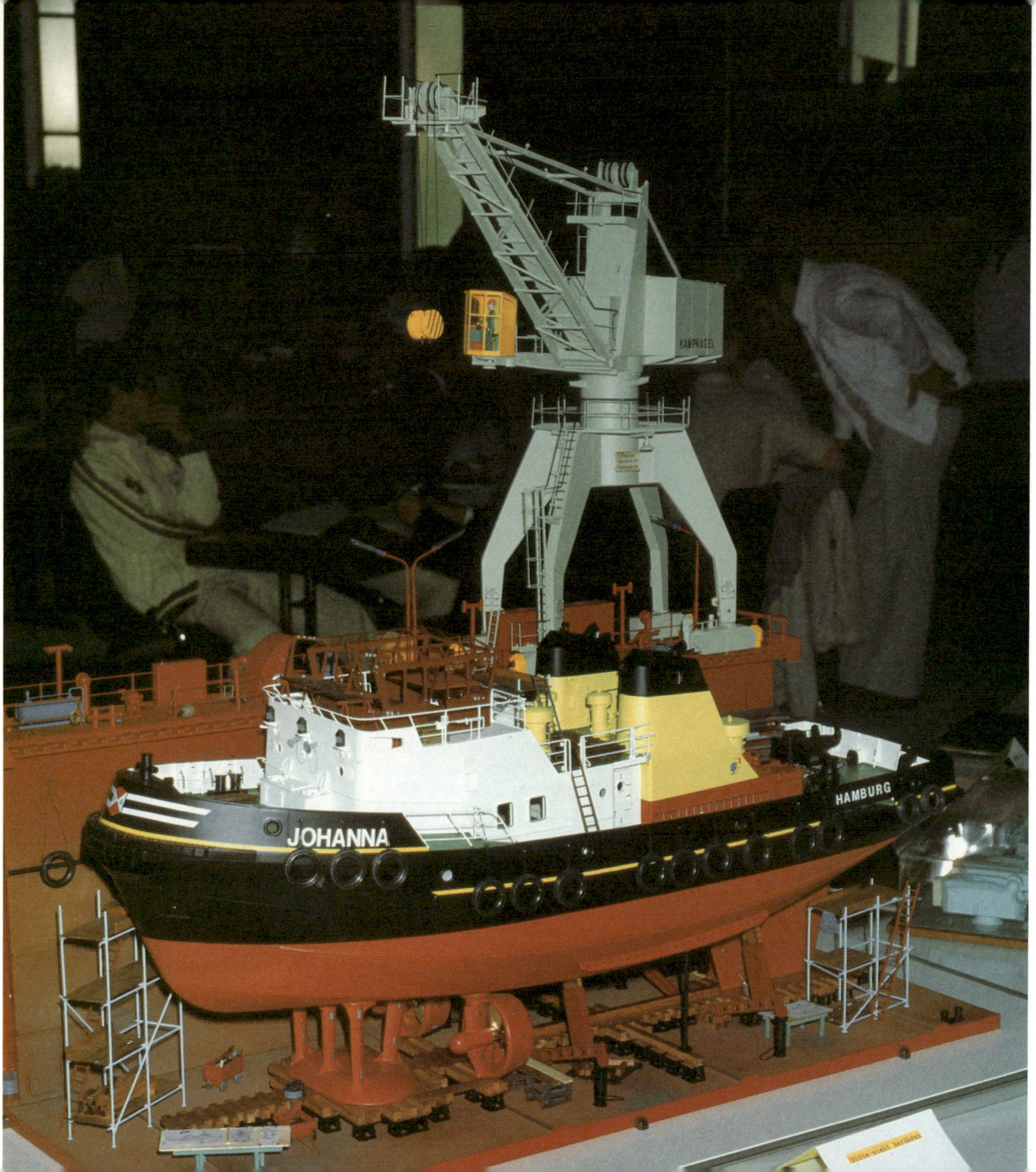
KAMPNAGEL
JOHANNA
HAMBURG

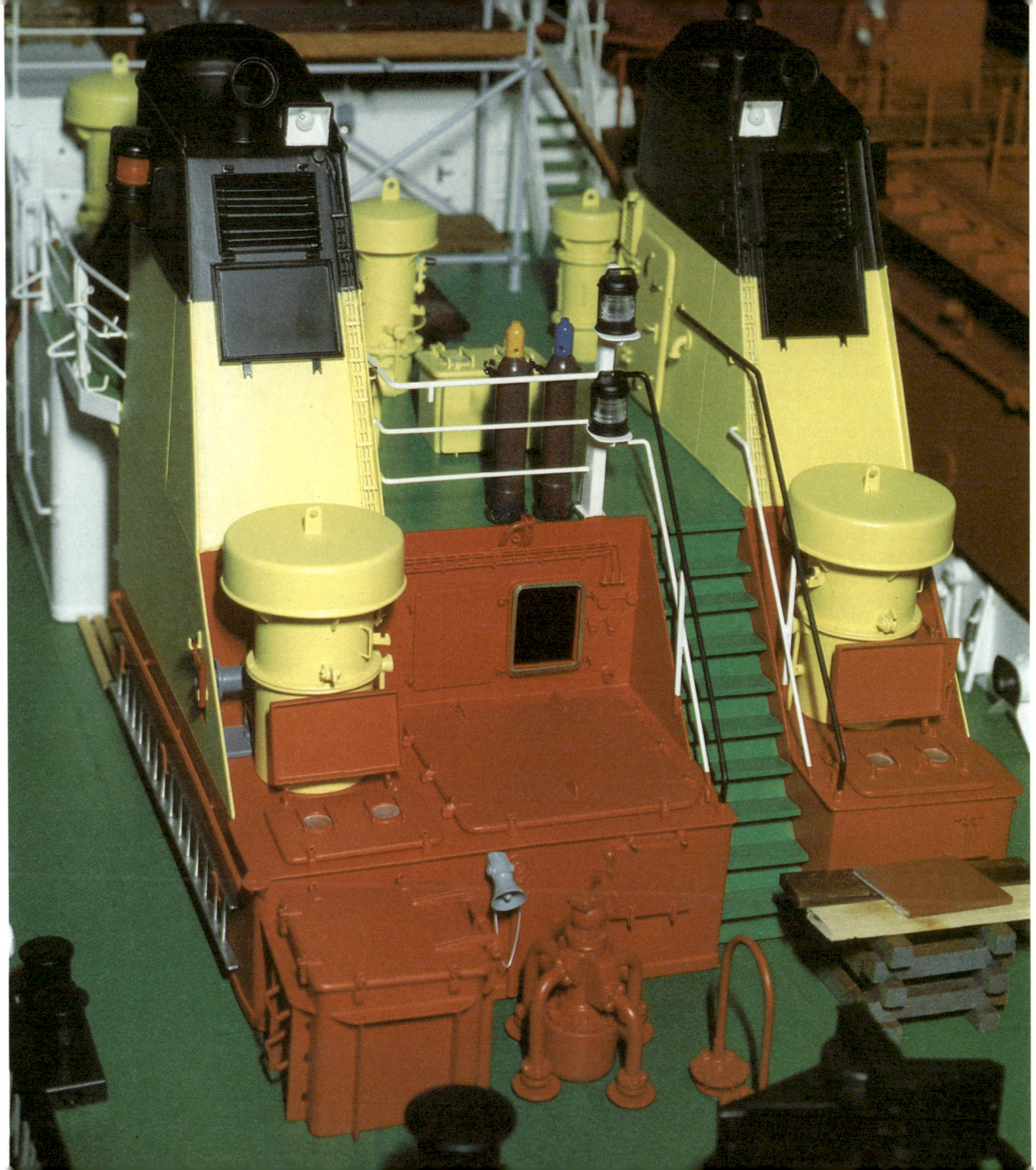

schen ausgestellt wurden. Die Wertungsrichter haben wieder einmal versucht, die Leistung in einen reellen Punktespiegel umzuwandeln und diesen dann in der offenen Wertung bekanntgegeben. Wir Modellbauer nennen es „Die Stunde der Wahrheit". Das heißt dann wieder aufzählen von Klassen und Punkten, aber ohne diese Daten geht es leider nicht, das sind Fakten, nach denen Modellbauleistung gemessen wird.

Um den Stellenwert der eigenen Leistung immer wieder neu bestätigt zu wissen, fahren wir zu solchen Wettbewerben.

In der Klasse C1 war, wie ich bereits früher schon berichtet habe, Wolfgang Quinger unschlagbar; mit 98,00 Punkten wurde er Klassenbester.

Für die 6 Teilnehmer unserer Mannschaft, die 10 Modelle ausstellten, gab es 4 x Gold, 3 x Silber und 1 Bronzemedaille. Zwei Modelle fielen leider aus der Wertung. Es war die anzahlmäßig stärkste Gruppe mit 57 Modellen, wobei unsere Teilnehmer mit 4 Goldmedaillen am erfolgreichsten waren, gefolgt von Italien.

Nun zur Klasse C2, die mit 54 Modellen leicht schwächer besetzt war, dafür aber ein bisher nie dagewesenes Qualitäts-Niveau aufzuweisen hatte. Hier waren die Chinesen Trumpf. Sie stellten mit Wang Guping den Klassenbesten, er erhielt für sein Modell 97,00 Punkte. Nur einer der unseren war in der Lage, in dieser Spitzengruppe aufzukreuzen. Es war Dirk Hamann vom S.M.C. Hamburg, mit seinem schon in Duisburg so positiv aufgefallenen Modell „Borre". Er bekam die zweitbeste Wertung mit 95,67 Punkten. Danach plazierten sich weitere drei Chinesen. Das ist ein ziemlich deutlicher Hinweis, wo im Moment die besten C2 Modelle gebaut werden; wobei aber nicht sicher ist, unter welchen Bedingungen sie erstellt werden.

Mit allem Vorbehalt möchte ich nochmals das Wort „Wettbewerbsgleichheit", über das ich schon gesprochen hatte, in Erinnerung rufen. Zu guter Letzt waren unsere Teilnehmer mit 5 erreichten Goldmedaillen doch wieder die erfolgreichsten, gefolgt von China mit 4 x Gold und Italien mit 3 x Gold. Darüberhinaus gingen noch 8 Silbermedaillen auf unser Konto.

Bei der nun folgenden Klasse C3 möchte ich zuerst die Gesamtbilanz aufzeigen und danach nochmal einiges Lobenswertes aufgreifen.

Es stellten sich 48 Exponate zur Wertung. Dabei erreichten Teilnehmer von unserer Mannschaft 2 Goldmedaillen, 2 Silbermedaillen und 4 x Bronze. 1 Modell blieb außerhalb der Leistungsstufe mit 67,67 Punkten. Auffallend war, daß 3 historische Modelle die besten Wertungen erhielten.

Zu Seite 130, 131: Das Dockmodell mit dem Schlepper JOHANNA

links oben: Fachsimpeln auf Chinesisch

links unten: Modell und Modellteile von Gerard Vooys

Einer meiner direkten Konkurenten: das Teil-Modell eines Forschungsschiffes von Yan Xiaozhong (TJ)

Prächtig anzusehen, die Armada historischer Modelle

沪救捞3号
HU JIU LAO 3 HAO

linke Seite oben, rechts und links: Nur mit der Lupe kann man solch ein filigranes Kunstwerk mit den Augen genießen. Alexis SIVIRINE, Frankreich, Wertungsrichter der Naviga, vor der chinesischen C.4.-Spezialität.

linke Seite unten: Auf dieser Weltleistungsschau meldeten sich die chinesischen Modellbauer ganz deutlich zu Wort. Hier das Modell HU JIULAO 3 HAO. Diese Perfektion und Qualität ist nur mit allergrößtem Aufwand zu erreichen.

Detailansichten der HU JIULAO 3 HAO. Bild oben: das Vorschiff. Bild unten: die Davidanlage im Mittschiffsbereich.

Gruppenbild mit Dame in Rastatt *Die Klassenbesten von Rastatt* ▶

Dabei waren es die beiden ersten Modelle, die nach Plan von Boudriot gebaut waren. Hier war es vor allem der Niederländer Gerard Vooys, der eine exzellente Arbeit mit dem 74 Kanonen-Schiff vorstellte. Herr Vooys zeigte den fast fertigen Rumpf mit Untermasten im Maßstab 1:72. Darüberhinaus hatte er noch zwei fertige Beiboote, einige Spanten und weitere Bauteile so geschickt hinzugelegt, daß sie seine äußerst saubere Holzarbeit noch besser zur Geltung brachten. Mit 95,33 Punkten hatte er die beste Wertung in dieser Klasse.

Die zweitbeste Wertung mit 94,00 Punkten erhielt der Franzose Bernard Frolich für sein im Maßstab 1:48 gebautes Modell, der Bomben-Galiot „La Salamandre".

Der nun folgende Modellbauer ist mein Mannschaftskamerad Walter Pozorski vom S.M.C. Stuttgart. Ihn hätte ich schon in der Klasse C1 erwähnen müssen. Ich wollte es mir aufbewahren, um im Zusammenhang mit der Klasse C3 darüber zu referieren. Wenn man in der Sparte der histori-

schen Modelle nach Wolfgang Quinger die zweitbeste Wertung erzielt, dann muß man in allen Belangen des Modellbaus eine abgerundete Leistung bieten. Und genau das haben die Wertungsrichter Walter Pozorski bescheinigt, indem sie sein ebenfalls nach Boudriot Plänen gebautes Modell „la Venuns" mit 95,67 Punkten honorierten.

Er versteht es wie kaum ein anderer, neben der Exaktheit der Arbeit seinen Modellen auch noch eine Ausstrahlung zu verleihen, die verblüf-

137

fend ist. Das gleiche gilt auch für das Objekt, welches er in der Klasse C3 präsentierte. Es handelt sich hier um die nach Chapmann-Unterlagen im Maßstab 1:32 gebaute „Englische Yacht".

Im Gegensatz zu den beiden Vorgängern in dieser Klasse hat er das Modell fertiggebaut vorgestellt. 93,67 Punkte = eine Goldmedaille war die Belohnung für seine hervorragende Arbeit.

Den nächsten in dieser Gruppe brauche ich namentlich gar nicht erst vorzustellen, das bin ich nämlich selbst. Für meine Dockanlage erhielt ich 93,00 Punkte und damit eine Goldmedaille. Ein für mich zufriedenstellendes Ergebnis.

Waren es hier und heute in der Klasse C3 noch 4 Europäer, die die Spitze darstellten, so waren aber unmittelbar nach mir schon 2 Chinesen plaziert, die ebenfalls eine Goldmedaille für ihre guten Darstellungen erhielten.

Mich würde es nicht wundern, wenn beim nächsten Weltwettbewerb, der 1987 in Paris stattfinden soll, die Vertreter der V.R. China auch in dieser Klasse die Spitze einnehmen würden. Wenn wir das verhindern wollen, dann müssen wir als Einzelkämpfer aber fleißig schaffen. In der Klasse C4 (Miniaturmodelle) waren unter den ersten acht alleine schon 5 Teilnehmer aus der V.R. China in dieser Wertung. Und das beim ersten Auftritt in dieser Klasse.

Auch aus dem Fernen Osten: die NIPPONMARU einmal unter Vollzeug (links oben) und mit angeschlagenen Segeln (Bild oben oben). Deckdetails der NIPPONMARU (unten links).

Von unseren Teilnehmern in dieser Disziplin gäbe es zu berichten, daß Herr Finger aus Kassel mit seinen beiden Modellen leider keine Leistungsstufe erreichte, dafür aber war der Miniatur-Modellbauer Alfred Albert (Schiffsmodellbau-Club Mainspitze) erfolgreicher, er bekam für jedes seiner drei Modelle die Leistungsstufe 3 zugesprochen = eine Bronzemedaille.

Eine weitere Beurteilung dieser Filigranarbeiten möchte ich mir nicht erlauben. Ich stehe immer voller Hochachtung diesen Experten gegenüber und wünsche mir, etwas von ihrem Können zu besitzen, um auch meine Modelle noch besser detaillieren zu können.

Alles geht einmal zu Ende, so auch der Weltwettbewerb 1985 in Rastatt. Ich hoffe jedoch, daß wir allen unseren vielen Freunden vom Schiffsmodellbau während der Tage in Rastatt gute Gastgeber waren. Mit einer Einschränkung, natürlich reichte die Gastfreundschaft nicht soweit, daß wir unseren Gästen in vornehmer Zurückhaltung auch die Medaillen überlassen hätten.

Bei der Vergabe des Edelmetalls haben wir unseren Anspruch voll geltend gemacht und haben mit 11 Goldmedaillen, 12 Silbermedaillen und weiteren 8 Bronzemedaillen den Wettbewerb für die Bundesrepublik mit einem Spitzenplatz erfolgreich beendet. Bei der Abschlußfeier hieß es dann wieder verheißungsvoll:

"Auf Wiedersehen" 1987 in Paris"

Mit dem Niederholen der NAVIGA-Flagge ging dieser Wettbewerb zu Ende.

Mit der Beendigung des Geschehens in Rastatt geht auch die Berichterstattung über meine Freizeit-Tätigkeiten und die damit verbundenen Erlebnisse zu Ende.

Im Laufe dieser Erzählungen werden sich sicher einige Leser an gemeinsames Erleben im In- und Ausland zurückerinnert haben. Die Ergebnisse der Schilderungen sind immer aus meiner Sicht zustande gekommen. Sollte jemand die eine oder andere meiner Darstellungen anders gesehen haben, dann gebe ich zu bedenken, daß jeder Mensch eine ihm gegebene Situation anders sieht, anders beurteilt und letztlich auch immer anders umschreiben würde. Das bitte ich auch mir zugute zu halten. Für die Leser, die sich in unserem Hobby noch nicht so gut auskennen, hoffe ich, daß es trotz der vielfach speziellen Zusammenhänge eine angenehme Lektüre war.

FLOTTE FLOTTE: WEDICO-FLOTTE.

DER SICHERE KURS ZUM GUTEN MODELL

Das Abenteuer im Modell wird immer interessanter. Für Sport und Aktion zu Wasser und zu Land bietet WEDICO Ihnen ein wertvolles Programm der schönsten Modelle. Abenteuer Landstraße – Trucks und Tankzüge, Sattelschlepper und Container, bullig und stark wie die großen Vorbilder, aus Aluminium und Edelstahl. Da wird die Welt der Fernfahrer-Romantik lebendig!

Auch die Abenteuerserie „Seefahrt" läßt keine Modellbauwünsche offen. 17 Schiffsmodelle vom Segelboot bis zum Hochseeschlepper stehen zur Auswahl. Damit können Sie Ihr Abenteuer im Modell erleben.

Holen Sie sich die Welt der Technik und des Abenteuers nach Hause. Im neuen, umfangreichen WEDICO-Katalog finden Sie alles, was Sie für Ihr persönliches Abenteuer im Modell brauchen. Direkt beim Fachhändler oder bei WEDICO (DM 10,– incl. Porto und Verpackung; Verrechnungsscheck bitte beifügen!) können Sie den 98seitigen mehrfarbigen Katalog bestellen.

WEDICO MODELLBAU
Made in Germany

Für Kapitäne zu Land und zu Wasser hat WEDICO für den Modellbauer und sein Hobby immer das Besondere:
LKW- und Truck- System- Bausätze aus Aluminium im Maßstab 1:16.
Segel- und Motorschiffe in einer aktuellen Palette von Komplett-Modellbausätzen.

Lieferung durch den guten Modellbaufachhandel.

Weitere Informationen und Modellbaukatalog gegen Voreinsendung von DM 10,00 bei

WEDICO ABENTEUER TECHNIK
WEDICO Technik GmbH
Postfach 240401 · 5600 Wuppertal 2

WEDICO ABENTEUER TECHNIK Made in Germany
WEDICO TECHNIK GmbH · Postfach 240401 · 5600 Wuppertal 2

DER SCHIFFS PROPELLER

DER SCHIFFS-PROPELLER bringt alles, was Schiffsmodellbauer interessiert

Damit Ihr Hobby zum Erlebnis wird.

6x jährlich,
Einzelheft: 6,50 DM
im Abo: 36,— DM
im Jahr

Das 13-Punkte-Programm, das ein gutes Fachmagazin auszeichnet

- **Propeller-Tips —** damit Kniffliges einfacher wird
- **Bauberichte —** das Salz in der Suppe
- **RC-Technik —** rund um die Fernsteuerung
- **Club-Infos —** Meinungsaustausch und Termine
- **Kleinanzeigen —** die braucht man
- **Leserbriefe —** wir helfen, wo Ihnen der Schuh drückt
- **Neues von den Werften —** Unser Draht zur Küste
- **Schiffsbilder-Sammelseite —** Der Weg zum eigenen Bildarchiv
- **Elektronik —** ohne die geht nichts
- **Schiffsportrait —** das könnte Ihr neues Modell werden!
- **Vitrine —** neue Produkte im Test
- **Miniaturen —** Kleinode im Maßstab 1:1250
- **Bücherecke —** Information ist Wissen

DER SCHIFFS-PROPELLER bringt sie! *Regelmäßig, mit Schwung und Dynamik.*

Am besten ein Probeheft anfordern, heute noch!

TRITON-VERLAG, Grünstraße 12, 5608 Radevormwald, Tel. 0 21 95/45 40